中国政府统计研究丛书

中国国内生产总值核算问题研究

Studies on China's Gross Domestic Product Accounting

许宪春 等 著

清华大学中国经济社会数据研究中心

北京大学出版社
PEKING UNIVERSITY PRESS

图书在版编目(CIP)数据

中国国内生产总值核算问题研究/许宪春等著. —北京:北京大学出版社,2019.4
(中国政府统计研究丛书)
ISBN 978-7-301-30372-6

Ⅰ.①中… Ⅱ.①许… Ⅲ.①国内生产总值—国民经济核算—研究—中国 Ⅳ.①F222.33

中国版本图书馆 CIP 数据核字(2019)第 034606 号

书　　　名	中国国内生产总值核算问题研究
	ZHONGGUO GUONEI SHENGCHAN ZONGZHI HESUAN WENTI YANJIU
著作责任者	许宪春　等著
责 任 编 辑	王　晶
标 准 书 号	ISBN 978-7-301-30372-6
出 版 发 行	北京大学出版社
地　　　址	北京市海淀区成府路 205 号　100871
网　　　址	http://www.pup.cn
电 子 信 箱	em@pup.cn　　QQ:552063295
新 浪 微 博	@北京大学出版社　@北京大学出版社经管图书
电　　　话	邮购部 010-62752015　发行部 010-62750672　编辑部 010-62752926
印 刷 者	涿州市星河印刷有限公司
经 销 者	新华书店
	730 毫米×1020 毫米　16 开本　13.75 印张　200 千字
	2019 年 4 月第 1 版　2019 年 4 月第 1 次印刷
定　　　价	55.00 元

未经许可,不得以任何方式复制或抄袭本书之部分或全部内容。
版权所有,侵权必究
举报电话:010-62752024　电子信箱: fd@pup.pku.edu.cn
图书如有印装质量问题,请与出版部联系,电话:010-62756370

清华大学中国经济社会数据研究中心
学术指导委员会委员名单

宁吉喆　　国家发展改革委副主任兼国家统计局局长、党组书记、联席主席

邱　勇　　清华大学校长、联席主席

盛来运　　国家统计局副局长、党组成员

许宪春　　清华大学中国经济社会数据研究中心主任

程子林　　国家统计局设管司司长

毛盛勇　　国家统计局综合司司长

董礼华　　国家统计局核算司司长

文兼武　　国家统计局工业司司长

王益烜　　国家统计局能源司副司长（主持工作）

赵培亚　　国家统计局投资司巡视员（主持工作）

孟庆欣　　国家统计局贸经司司长

李希如　　国家统计局人口司司长

张仲梁　　国家统计局社科文司司长

黄秉信　　国家统计局农村司司长

王有捐　　国家统计局住户办主任

许剑毅　　国家统计局服务业司司长

蔺　涛　国家统计局普查中心副主任（主持工作）
赵建华　国家统计局数据管理中心副主任（主持工作）
许亦频　国家统计局统计教育培训中心主任
万东华　国家统计局统计科学研究所所长
钟守洋　国家统计局统计资料中心主任
钱颖一　清华大学经济管理学院教授
白重恩　清华大学经济管理学院院长
李　强　清华大学社会科学学院教授
刘涛雄　清华大学社会科学学院党委书记
薛　澜　清华大学苏世民书院院长
钱　易　清华大学环境学院教授、中国工程院院士
江　亿　清华大学建筑节能研究中心主任、中国工程院院士
毛其智　清华大学建筑学院教授
刘洪玉　清华大学土木水利学院教授
李　政　清华大学低碳能源实验室主任、气候变化与可持续发展研究院常务副院长
崔保国　清华大学新闻与传播学院教授、传媒经济与管理研究中心主任
史静寰　清华大学教育研究院常务副院长
苏　竣　清华大学智库中心主任
孟庆国　清华大学文科建设处处长
李家强　清华大学教育基金会秘书长

清华大学中国经济社会数据研究中心
执行委员会委员名单

钱颖一　执行委员会联席主任,清华大学经济管理学院教授
李　强　执行委员会联席主任,清华大学社会科学学院教授
许宪春　委员,清华大学中国经济社会数据研究中心主任
程子林　委员,国家统计局设管司司长
董礼华　委员,国家统计局核算司司长
毛其智　委员,清华大学建筑学院教授
苏　竣　委员,清华大学智库中心主任
孟庆国　委员,清华大学文科建设处处长

前　　言

国内生产总值（GDP）是当前中国国民经济核算的核心指标，也是衡量中国国民经济发展情况的重要指标。自20世纪80年代中期建立核算制度以来，随着经济社会的发展、国民经济核算国际标准的变化、统计制度方法的改革以及经济管理需求的变化，中国GDP核算方法不断改进和完善，在反映改革开放以来中国经济发展取得的重大成就、为宏观决策提供准确依据等方面发挥了重要作用。

近年来，中国经济社会发展出现了许多新情况，经济社会管理产生了许多新需求，需要对GDP核算方法进行进一步改革，使之适应新情况，满足新需求。例如，在创新发展理念和驱动发展战略的引领下，中国不断加大研发投入力度，新的科研成果不断涌现，对经济发展的推动作用越来越大，需要了解研发支出在GDP中的作用和贡献；以新产业、新业态、新商业模式为核心的新经济迅速发展，其中金融业新业态不断涌现，需要研究其核算方法；在以人民为中心的思想指引下，各级党委、政府在推动经济发展的同时，更加注重改善民生，财政用于教育、文化、医疗卫生、社会保障等民生方面的支出不断增加，需要了解这些方面支出对居民实际消费产生的影响；中国经济已经由高速增长阶段转向高质量发展阶段，其中一个重要的表现就是GDP增速的换挡，在高质量发展阶段，需要更加客观准确地反映经济增长速度；国家不断出台促进产业发展的指导意见，制定明确的产业发展目标，产业结构优化升级已经成为推动中国经济发展的重要举措，需要了解有关产业发展情况；随着房地产市场的快速发展，房价和房租都上升较快，导致用成本法测算的城镇居民自有住房服务价值存在明显低估，需要改进核算方法；自2008年国际金融危机爆发以来，社会各界对统计数据提出了更高的要求，希望统计数据能够更灵敏地反映宏观经济的短期变化，需要改革季度核算方法；中国地区GDP数据与国家GDP数据存在一定程度的差异，不利于正确把握各地经济形势和实施科学的宏观调控，还影响了政府统计公信力，需要加以解决。

为了适应世界经济社会环境的发展变化，反映国际上国民经济核算理论方法研究取得的新成果和各国国民经济核算实践获取的新经验，联合国等国际组织对国民账户体系原国际标准（1993年SNA）进行了修订，形成了新的国际标准——2008年SNA。相对于1993年SNA，2008年SNA在GDP的基本概念、核算范围和核算方法等方面进行了一系列修订。例如，它引进了知识产权产品概念，将能够为所有者带来经济利益的研发成果作为知识产权产品列入固定资产，将相应的研发支出由中间投入修订为固定资本形成计入GDP；改进了金融中介服务、非寿险服务产出等核算方法。

为了反映中国经济社会发展出现的新情况，满足经济社会管理产生的新需求，跟踪国际标准的新变化，我在国家统计局担任副局长期间，组织国民经济核算工作人员开展了一系列GDP核算方法改革研究。例如，为了反映研究与开发对经济发展的驱动作用，开展了将研发支出由中间投入调整为固定资本形成计入GDP的核算方法改革研究；为了更好地反映金融业及其中新型金融业态的发展情况，开展了金融业核算方法改革研究；为了更好地反映居民的实际消费水平以及各级党委、政府在改善民生方面发挥的重要作用，开展了实物社会转移和实际最终消费核算方法改革研究，同时，对整体支出法GDP核算方法改革进行了研究；为了更好地反映城镇居民自有住房服务发展情况及其对第三产业增加值、居民消费支出和居民可支配收入的影响，开展了利用市场租金法替代成本法计算城镇居民自有住房服务价值的核算方法改革研究；为了更加灵敏、准确地反映宏观经济的短期变化，开展了季度GDP核算方法改革研究；为了更加客观、准确地反映经济发展速度，开展了不变价GDP核算方法改革研究；为了更好地监测有关产业发展目标完成情况，开展了派生产业增加值核算方法研究；为了解决地区GDP数据与国家GDP数据之间的差距问题，开展了地区生产总值核算方法改革研究。

本书正是对上述一系列研究成果的总结。第一篇从总体上回顾了中国GDP核算的建立、改革与发展历程，对中国GDP核算未来的改革和发展进行了展望。第二篇至第九篇针对GDP核算中的一些具体问题进行了研究，包括研发支出核算方法改革研究、居民自有住房服务价值核算方法改革研究、金融业核算方法改革研究、支出法GDP核算方法改革研究、不变价GDP核算方法改革研究、季度GDP核算方法改革研究、地区GDP核算方法改革研究、派生产业增加值核算方法研究等内容。第十篇就近年来对中国GDP数据所提出的质疑中一些比较有代表性的文章和观点进行梳理，同时结合中国现行的统计制度和GDP核算方法对这些质疑进行评论。

参加上述研究的人员都是长期从事国民经济核算实际工作的官员和学者，他们既具有扎实的理论功底，又具有丰富的实践经验。为了更好地总结上述研究成果，我们组织部分从事上述问题研究的工作人员成立了课题组，课题组成员开展了深入扎实的工作。课题组成立之初，我提出了课题研究报告的总体设想和初步提纲，与课题组的同志们进行认真讨论，明确研究任务、要求和分工。随后，课题组各篇撰写人员拟定具体写作提纲，提交课题组集体讨论确定。各篇研究报告初稿完成后，我多次组织召开课题组会议，逐篇进行认真讨论，作者们根据讨论意见，对研究报告进行反复推敲和修改。最后，我对课题全部研究报告做了最终修改和定稿，对每篇研究报告都做了认真审改。在课题研究报告撰写过程中，郑学工副司长做了大量的组织协调工作，所有课题组成员都付出了很大的努力。借课题研究成果出版的机会，我向课题组的全部成员和所有参加上述中国国内生产总值核算问题研究的人员表示真诚的感谢！课题负责人和课题组成员如下。

课题负责人：

许宪春　清华大学经济管理学院教授，清华大学中国经济社会数据研究中心主任，国家统计局原副局长

课题组成员：

郑学工　国家统计局国民经济核算司副司长

金　红　国家统计局社会科技和文化产业统计司副司长

吴　优　国家统计局国民经济核算司GDP使用核算处原处长
吕　峰　国家统计局国民经济核算司服务业核算处处长
魏媛媛　国家统计局国民经济核算司GDP生产核算处副处长
刘立青　国家统计局国民经济核算司GDP生产核算处原工作人员
陈亚宁　国家统计局国民经济核算司资产负债核算处主任科员
董　森　国家统计局办公室秘书室主任科员

北京大学出版社的林君秀女士和郝小楠女士积极支持本书的出版,并为本书的出版做了大量工作,借此机会向他们表示诚挚的谢意。

对于本研究成果的不足之处,敬请广大读者批评指正。

许宪春

2018年10月

目　录

第一篇　中国国内生产总值核算的建立、改革和发展研究
　　　　　　　　　　　　　　　　　　　　许宪春　吕　峰（1）
　　一、中国国内生产总值核算的建立 ………………………………（3）
　　二、中国国内生产总值核算的改革与发展 ………………………（6）
　　三、中国国内生产总值核算进一步改革和发展展望 ……………（18）
　　四、结语 ……………………………………………………………（24）
　　参考文献 ……………………………………………………………（25）

第二篇　研发支出核算方法改革研究
　　　　　　　　　　　　　　　　　　　　许宪春　郑学工（28）
　　一、研发支出核算方法改革的背景和意义 ………………………（28）
　　二、研发支出核算方法改革的基本原则和国际经验 ……………（31）
　　三、核算、统计、会计关于研发支出处理方法的区别 …………（34）
　　四、中国研发支出核算方法改革的具体做法 ……………………（36）
　　五、研发支出核算方法改革对主要指标的影响 …………………（45）
　　六、结语 ……………………………………………………………（46）
　　参考文献 ……………………………………………………………（47）

第三篇　居民自有住房服务价值核算方法改革研究
　　　　　　　　　　　　　　　　　　　　　　　　刘立青（49）
　　一、居民自有住房服务的基本内涵 ………………………………（49）

二、国际上估算居民自有住房服务价值的主要方法 …………（50）
三、代表性国家或地区的主要做法 ……………………………（53）
四、中国现行居民自有住房服务价值核算方法及存在的问题 …（55）
五、中国城镇居民自有住房服务价值核算方法改革研究 ……（56）
参考文献 …………………………………………………………（59）

第四篇 金融业核算方法改革研究

吕　峰　董　森　刘立青（60）

一、2008 年 SNA 关于金融业核算方法的修订 …………………（60）
二、中国现行金融业核算方法 …………………………………（65）
三、中国金融业核算方法改革研究 ……………………………（68）
参考文献 …………………………………………………………（72）

第五篇 支出法国内生产总值核算方法改革研究

吴　优（75）

一、居民消费支出核算方法改进研究 …………………………（75）
二、政府消费支出核算方法改进研究 …………………………（80）
三、固定资本形成总额核算方法改进研究 ……………………（81）
四、存货变动核算方法改进研究 ………………………………（83）
五、货物和服务净出口核算方法改进研究 ……………………（84）
六、实际最终消费核算方法改进研究 …………………………（85）
参考文献 …………………………………………………………（90）

第六篇 不变价国内生产总值核算方法改革研究

郑学工（91）

一、不变价国内生产总值核算的基本方法及比较研究 ………（91）
二、国际上不变价国内生产总值核算的主要做法 ……………（95）
三、中国现行不变价国内生产总值核算方法及存在的问题 …（111）
四、中国不变价国内生产总值核算方法的探索研究 …………（122）
参考文献 …………………………………………………………（131）

第七篇　季度国内生产总值核算方法改革研究

郑学工　魏媛媛　陈亚宁（133）

一、季度国内生产总值核算的基本原则与核算方法 …………… (133)

二、国际上季度国内生产总值核算的主要经验 ………………… (141)

三、中国现行季度国内生产总值核算方法及存在的问题 ……… (153)

四、中国季度国内生产总值核算方法改革研究 ………………… (159)

参考文献 …………………………………………………………… (163)

第八篇　地区生产总值核算方法改革研究

吕　峰（167）

一、部分发达国家地区生产总值核算方法 ……………………… (167)

二、中国现行地区生产总值核算方法 …………………………… (169)

三、中国地区生产总值核算方法改革研究 ……………………… (172)

参考文献 …………………………………………………………… (174)

第九篇　派生产业增加值核算方法研究

金　红（175）

一、派生产业定义、特点 …………………………………………… (175)

二、派生产业增加值核算方法 …………………………………… (177)

三、派生产业增加值核算方法存在的问题与改进探索 ………… (182)

参考文献 …………………………………………………………… (184)

第十篇　中国国内生产总值核算质疑文章综合述评

许宪春　吕　峰（192）

一、近年来对中国GDP核算的主要质疑 ………………………… (192)

二、对质疑的评论 ………………………………………………… (195)

参考文献 …………………………………………………………… (202)

第一篇 中国国内生产总值核算的建立、改革和发展研究

许宪春 吕 峰

国内生产总值(GDP)作为国民经济核算的核心指标,在反映经济发展、服务宏观决策等方面具有非常重要的作用。正如著名经济学家保罗·萨缪尔森指出的:"在宏观经济学所有概念中,最重要的指标是国内生产总值。……国民收入账户提供的各种数据犹如灯塔,引导决策人将经济航船驶向其目的港。没有 GDP 这类国民经济总体指标,决策人就只能在纷繁无序的数据海洋中茫然漂泊。"(萨缪尔森等,1999)可以说,一个国家 GDP 发展的历史,在一定程度上代表了这个国家经济发展的历史。2018 年是中国改革开放 40 周年,40 年来中国社会生产力得到极大解放和发展,经济发展取得了巨大成就,综合国力显著增强,人民生活水平明显提升,在这个过程中,GDP 在经济分析、政策制定、经济管理和决策中发挥了重要作用,同时,它描述了改革开放 40 年来中国经济发展的奇迹,记录了中国不断跨越、成为世界第二大经济体的辉煌历史。改革开放 40 年来中国经济发展取得的巨大成就值得认真总结,作为描述中国经济发展情况的核心指标,中国 GDP 核算取得的重大进步也值得认真总结。因此,在改革开放 40 周年这样一个重要的历史时间节点上,系统地梳理中国 GDP 核算从开始建立到逐步发展并不断完善的历史过程,显得尤为必要。

中国 GDP 核算是伴随着改革开放及其不断深入建立和发展起来的,它与其他重要统计指标一起为中国特色社会主义市场经济体制提供了重要的统计

保障。如果没有GDP，就很难在市场经济条件下制定科学的经济发展目标，做出有效的宏观经济决策。随着中国特色社会主义市场经济体制的不断完善，GDP核算在不断地发展和完善，经历了从间接推算到直接核算、从生产核算到使用核算、从年度核算到季度核算等一系列发展变化。通过改革和发展，它的资料来源和核算方法逐步规范，行业分类不断细化，历史数据得到不断补充和修订，科学规范的GDP核算体系逐步建立。

近年来，随着中国特色社会主义进入新时代，中国经济已由高速增长阶段转向高质量发展阶段，宏观经济管理对GDP核算也提出了更高的要求。在高质量发展阶段，在继续做好总量和速度核算、不断提高数据科学性和准确性的基础上，要更加关注GDP的结构核算，通过细化核算分类、拓展资料来源、改进核算方法等方式，及时准确地反映发展方式转变、经济结构优化、增长动力转换的过程。在这一时代背景下，中国GDP核算的不足和不完善之处也值得深入探讨，以推动它的进一步改革和发展，更好地适应高质量发展的需要，为建立现代化经济体系发挥重要的基础性保障作用。

本篇主要包括三部分内容。第一部分对中国GDP核算建立的历史进行了简要回顾，包括从物质产品平衡表体系（MPS）的国民收入核算向国民账户体系（SNA）[①]的GDP核算的转变、GDP在国民经济核算中核心指标地位的确立等。第二部分全面系统地总结梳理了GDP核算正式建立后经历的历次重大改革和发展，包括基本概念、基本分类、核算方法、历史数据的修订和补充等一系列演进过程。第三部分对中国GDP核算未来的改革和发展进行展望，包括居民自有住房服务价值核算方法改革、金融业核算方法改革、支出法GDP核算改革、不变价GDP核算方法改革、季度GDP核算方法改革以及地区GDP核算方法改革等内容。

[①] 《国民账户体系》（简称SNA）是联合国等国际组织制定的国民经济核算国际标准，包括四个版本，分别是1953年SNA、1968年SNA、1993年SNA和2008年SNA。前两个版本是由联合国组织制定的；后两个版本是由联合国、欧盟委员会、国际货币基金组织、经济合作与发展组织和世界银行五个国际组织共同组织制定的。

一、中国国内生产总值核算的建立

从中华人民共和国成立初期到改革开放初期,中国国民经济核算的核心指标是产生于苏联的 MPS 体系中的国民收入。改革开放以后,为适应宏观经济管理的需要,国家统计局开始研究联合国等国际组织制定的 SNA 体系中的 GDP,并于 1985 年开展了 GDP 核算,开始逐步从国民收入核算向 GDP 核算过渡。1993 年,GDP 取代国民收入成为中国国民经济核算的核心指标。

(一)国民收入核算的建立

中华人民共和国成立初期,同许多其他领域一样,中国国民经济核算主要是学习和借鉴苏联的做法和经验。苏联的 MPS 体系是为适应对国民经济进行高度集中的计划管理的需要而建立起来的一套国民经济核算体系。它以物质产品的生产、分配、交换和使用为主线来核算物质产品生产过程,核算范围包括农业、工业、建筑业、运输邮电业、商业饮食业等物质生产部门,核算方法主要采用平衡法,由一系列平衡表组成。国民收入是一个国家或地区的物质生产部门劳动者在一定时期内新创造的物质产品的价值总和,是 MPS 体系中的核心指标。它不包含转移价值的重复计算,相对于工农业总产值和社会总产值等指标,可以更客观地反映一个国家或地区的经济发展水平和国民经济中的重要比例关系。

1952 年国家统计局成立,1953 年开始了国民收入的试算工作。经过两年的学习、探索,于 1955 年完成了 1952—1954 年中国国民收入的测算,并于 1956 年年初向中共中央、国务院汇报了测算结果。1956 年 9 月,在中国共产党召开的第八次代表大会上,时任国家经济委员会主任的薄一波同志运用国民收入资料,经过深入分析,提出了国民经济中的一些重要比例关系。这是中国第一次公布国民收入统计数据,它们为认识社会主义生产过程、探索社会主义经济建设的规律,以及加强国民经济计划管理提供了重要依据。

为了进一步做好新中国的统计工作,1956 年 6—8 月,国家统计局组织了中国统计工作考察团访问苏联。国民经济平衡表的编制和国民收入的核算是该考察团重点考察的内容之一。通过此次考察，中国的统计人员对苏联国民经济平衡表的编制方法和国民收入的核算方法有了更加深入的了解。随后，国家统计局成立了专门机构，负责国民经济平衡表编制和国民收入核算工作，该项工作开始常规化（钟兆修，2009；吕峰，2016）。

（二）国民收入核算向国内生产总值核算的转变

国民收入指标反映的是物质产品生产，即货物生产和运输邮电业、商业饮食业等物质服务生产活动成果，不能反映非物质服务生产活动成果。改革开放以后，我国的非物质服务业获得了迅速发展，并在国民经济中发挥了越来越重要的作用。宏观经济管理部门需要了解这方面的情况，以便制定正确的服务业发展政策，协调三次产业的健康发展（许宪春，2000）。

为满足宏观经济管理的需要，国家统计局于20世纪80年代初开始研究SNA体系中的国民生产总值指标，准备用这个指标来反映三次产业的发展水平。1985年3月19日，国家统计局向国务院提交了《关于建立第三产业统计的报告》，陈述了开展第三产业统计和国民生产总值核算的必要性。国务院批准了这个报告。1985年4月5日，国务院办公厅发出通知，要求在继续做好国民收入核算的同时，抓紧建立国民生产总值核算（国务院办公厅，1985）。根据这一通知精神，国家统计局于当年制定了《国民生产总值计算方案（征求意见稿）》，并根据这一方案初步开展了国民生产总值核算。1987年，国家统计局在征求意见的基础上对上述方案进行修订，制定了《国民收入和国民生产总值统计主要指标解释》，并制定了《国民生产总值统计报表制度》。这时的GDP是国民生产总值的组成部分，并且只有GDP生产核算，没有GDP使用核算，即支出法GDP核算。1989年，基于国民收入使用法开始试算支出法GDP。1990年，在总结实践经验的基础上，制定了《国民收入、国民生产总值统计主要指标解释》，对原有的核算方法进行修订，制定了支出法GDP核算方法。

1985—1992年是GDP核算建立的初期阶段。在这个阶段，形成了国民收入和GDP并列的局面，但国民收入仍是国民经济核算的核心指标，而GDP作为附属指标,用于补充前者不能反映非物质生产活动成果的不足,并且在实践中更多地使用国民生产总值,而不是 GDP。另外,GDP 的核算方法也不是很规范,是在国民收入核算的基础上,进行相应的调整和补充得到的。

(三) 国内生产总值核心指标地位的确立

进入 20 世纪 90 年代后,随着改革开放的逐步深入,宏观经济管理部门对国内生产总值这一宏观经济指标日益重视。针对这种情况,国家统计局不断加强国内生产总值核算,国内生产总值与国民收入的关系发生了变化,前者由国民经济核算的附属指标地位上升为核心指标地位。国内生产总值核心指标地位的确立,主要表现在四个方面:一是在核算方法层面,国家统计局在 1992 年 12 月,根据《中国国民经济核算体系(试行方案)》的原则要求,制定了《国内生产总值、国民收入指标解释及测算方案》,首次建立起独立的、比较系统的国内生产总值测算方案。这时,国内生产总值核算不再利用国民收入间接推算的方法,而是采用了直接利用原始资料核算的方法(国家统计局,1992a)。二是在核算制度方面,1993 年 10 月,依据新的会计制度和基层企业统计制度,国家统计局制定了《国内生产总值指标解释及测算方案》和相应的核算制度,该方案和制度取消了国民收入核算,并对 1992 年方案和相应核算制度中有关指标的定义、核算方法等进行了修改。这一方案和制度的制定,标志着国民收入核算在中国国民经济核算中的正式废止和国内生产总值核心指标地位的确立。三是在数据发布方面,从 1994 年开始,《中国统计年鉴》不再公布国民收入数据,仅公布 GNP(GDP)数据[①]。四是在数据使用方面,从 1992 年开始,《政府工作报告》放弃了 20 世纪 80 年代中期以后并列使用国民生产总值和国民收入指标的做法,转而只使用国民生产总值,并在 1994 年的《政府工作报告》中开始转为使用国内生产总值。

---

① 这一时期在实践中更多使用的是国民生产总值,即 GNP 指标。

二、中国国内生产总值核算的改革与发展

(一) 定义和生产范围的变化

国内生产总值的定义和生产范围,确定了国内生产总值核算的内涵和外延,具有重要的基础性意义。国内生产总值的定义,规定了"谁"通过"什么活动"创造的"哪些价值"计入国内生产总值,从核算主体、活动性质、成果表现三个方面对国内生产总值进行界定。生产范围更加具体明确地规定哪些活动应被界定为生产活动,从而可将其活动成果计入国内生产总值。定义和生产范围是否符合国际标准,对保证中国国内生产总值核算的规范性和国际可比性至关重要。从建立初期至今,中国国内生产总值的定义和生产范围经历了若干次修订,规范性不断提高,与国际标准的衔接程度也不断提高。

1. 定义的变化

在1985年制定的《国民生产总值计算方案(征求意见稿)》中,国民生产总值被定义为一个国家(或地区)在一定时期内所生产和提供的最终产品和劳务总量的货币表现,但没有明确给出国内生产总值的定义,只是规定国民生产总值是按国民原则计算的,国内生产总值是按国土原则计算的,并且指出了两者在口径范围上的差别(国家统计局,1985)。可以说,这时的国内生产总值是通过国民生产总值间接定义的。

在1987年制定的《国民收入和国民生产总值统计主要指标解释》和《国民生产总值统计报表制度》中,首次直接给出了国内生产总值的定义,即一个国家(地区)领土范围内,本国居民和外国居民在一定时期内所生产和提供最终使用的产品和劳务的价值(国家统计局,1987a;1987b)。客观地说,这个定义还不够严谨和规范,特别是其中没有包括常住单位这一国内生产总值定义中的核心概念。

1992年《中国国民经济核算体系(试行方案)》颁布和实施,国内生产总值有了规范的定义:一国所有常住单位在核算期内生产活动的最终成果(国家统计局,1992b)。这个定义包含了常住单位、生产活动、最终成果这三个核心概

念,对国内生产总值进行了严谨而清晰的界定。这个定义形成后,在以后历次的国内生产总值核算方案修订中,除个别词句偶有变化外(如有时用"一定时期"替代"核算期"),其核心要义一直没有发生变化,沿用至今。

目前,在国民经济核算新的国际标准——2008年SNA中,国内生产总值被定义为所有常住单位的总增加值之和,再加上未包括在产出估价中的产品税净额。总增加值加上未包括在产出估价中的产品税净额,事实上就是生产活动的最终成果,因此目前中国国民经济核算中的国内生产总值定义,已经与国际标准衔接一致。

2. 生产范围的变化

在MPS体系下的国民收入核算阶段,生产范围仅限于物质生产部门的生产活动,即农业、工业、建筑业、运输邮电业、商业饮食业的生产活动。从1985年核算国民生产总值和国内生产总值开始,生产范围不仅包括物质生产部门的生产活动,而且包括非物质服务的生产活动。相对于MPS体系的生产范围,这一规定将非物质服务的生产活动包括进来了,有明显的进步,但规定得还不够具体和细致,特别是没有明确地规定哪些自给性服务活动应纳入生产范围,这是国内生产总值核算实践中需要准确把握的部分。

随着国内生产总值在国民经济核算中核心指标地位的确定,需要对生产范围做出更加明确具体的界定。1993年制定的《国内生产总值指标解释及测算方案》规定,国内生产总值核算的生产范围包括三类活动:提供或准备提供给其他单位(包括住户)的货物和服务的生产;生产者用于自身最终消费或固定资本形成的货物的生产;自有住房服务和雇佣付酬家庭保姆提供的家庭服务生产(国家统计局,1993)。这一规定与1993年SNA是衔接的。为了使相关表述更加规范,《中国国民经济核算体系(2002)》将上述方案中的"付酬家庭保姆提供的家庭服务生产"修订为"付酬家庭雇员提供的家庭服务的自给性生产"(国家统计局,2003)。这一修订只是表述上的调整,本质上生产范围没有发生变化。

2008年SNA将研究与开发纳入了资产范围,这一规定也影响到生产范围的界定。为与2008年SNA保持衔接,确保中国GDP核算的国际可比,《中国国民经济核算体系(2016)》进一步拓展了生产范围,将知识产权产品的自给性生产,特别是将自给性研究与开发活动纳入生产范围。目前,国内生产总值核算的生产范围包括以下四个部分:第一,生产者提供或准备提供给其他单位的货物或服务的生产;第二,生产者用于自身最终消费或固定资本形成的所有货物的自给性生产;第三,生产者为了自身最终消费或固定资本形成而进行的知识载体产品的自给性生产,但不包括住户部门所从事的类似的活动;第四,自有住房提供的住房服务,以及雇用有酬家庭服务人员提供的家庭和个人服务的自给性生产(国家统计局,2017)。这一生产范围的界定,已经与2008年SNA衔接一致。

(二) 基本分类的变化

国内生产总值核算的基本分类主要包括两种,一种是行业分类,一种是支出项目分类。国内生产总值核算分类对于反映经济结构的变动至关重要,科学、规范、细致的分类,能够客观翔实地刻画生产结构和需求结构的演变过程,从而为宏观调控和产业、需求政策的制定提供重要依据。历史上,国内生产总值核算的行业分类和支出项目分类都发生过变化,经历了规范性不断提高、分类不断细化的过程。

1. 行业分类的变化

在国民收入核算阶段,行业分类指的是对物质生产部门的划分,即把物质生产部门划分为农业、工业、建筑业、运输邮电业、商业饮食业等五个部门。

在国内生产总值核算初期,中国国民经济核算部门根据经济发展实际情况和经济管理需要,在1984年中国首部国民经济行业分类国家标准《国民经济行业分类和代码(GB/T 4754—84)》的基础上,将国民经济划分为三次产业和15个一级行业。其中,第一产业包括农业,第二产业包括工业和建筑业,第三产业包括除第一产业和第二产业以外的其他各行业。第三产业又分为四个层次,第一层次是流通部门,第二层次是为生产和生活服务的部门,第三层次是为提高科学文化水平和居民素质服务的部门,第四层次是为社会公共需要服务的部门。15个一级行业中除了综合技术和生产服务业、居民服务业、公用事业和房地产业外,基本上都是上述分类标准中的门类,居民服务业、公用事业属于大类,综合技术和生产服务业是几个大类的组合,房地产业是房地产管理业大类和居民房地产业的组合。上述部分行业还包括次级分类(国家统计局,1987a;1991)。

1994年,中国对国民经济行业分类国家标准进行了修订,形成了《国民经济行业分类与代码(GB/T 4754—94)》。根据宏观经济管理和对外交流工作的需要,国内生产总值核算的行业分类以该分类标准为基础进行了调整,并仍采用原三次产业的划分原则进行了相应的分组。调整后,国内生产总值核算包括15个一级行业,其中除了工业和农、林、牧、渔服务业外,基本上都是上述分类标准中的门类;工业是采掘业,制造业,电力、煤气及水的生产和供应业三大门类的组合;农、林、牧、渔服务业属于大类。上述部分行业还包括次级分类(国家统计局,1994)。

2004年第一次全国经济普查采用了2002年发布的《国民经济行业分类和代码(GB/T 4754—2002)》。第一次经济普查年度的国内生产总值核算采用了四级分类的方法,行业分类更加详细。第一级分类直接采用国家统计局2003年制定的《三次产业划分规定》,但在第三产业中剔除国际组织部分。第二级分类除了工业外基本上采用上述国民经济行业分类中的门类。第三级分类把工业划分为采矿业,制造业,电力、燃气及水的生产和供应业,其余行业基本上采用上述国民经济行业分类中的大类。第四级分类根据多年国内生产总值核算数据的实际需求情况,并参照其他国家的分类情况,将采矿业,制造业,电力、燃气及水的生产和供应业细化到上述国民经济行业分类中的大类。经过调整,国内生产总值核算的第四级分类包括94个行业,比以往的行业分类大大细化了。第一次全国经济普查后至第三次经济普查前,年度国内生产总值核算一直采用这种分类方法(国家统计局国民经济核算司,2007;2008;2011;2013)。

2013年第三次全国经济普查后,国内生产总值核算采用了两种类型分类。第一种是行业分类,依据《国民经济行业分类和代码(GB/T 4754—2011)》对国民经济进行二级分类。第一级分类采用上述国民经济行业分类中的19个门类(不含国际组织),并将采矿业,制造业,电力、热力、燃气及水生产和供应业合并为工业列示;第二级分类基本上采用国民经济行业分类中的大类,共分95类,其中房地产业分到行业中类;公共管理、社会保障和社会组织分为公共管理和社会组织、社会保障2类。第二种是三次产业分类,依据国家统计局2012年修订的《三次产业划分规定》,把国民经济划分为第一产业、第二产业和第三产业。第一产业是农、林、牧、渔业(不含农、林、牧、渔服务业);第二产业是采矿业(不含开采辅助活动)、制造业(不含金属制品、机械和设备修理业)、电力、热力、燃气及水生产和供应业、建筑业;第三产业即服务业,是指除第一产业、第二产业以外的其他行业(不含国际组织)(国家统计局国民经济核算司,2016)。

2. 支出项目分类的变化

支出项目分类的变化可分为两个时期,在2004年第一次全国经济普查前,主要是支出项目名称的不断规范,在此之后,主要是核算分类的细化。

中国1989年开始试算支出法GDP时,支出法GDP包括总消费、总投资、产品和劳务净出口三部分,其中总消费包括居民总消费和社会总消费,总投资包括固定资产总投资和流动资产价值增加额(国家统计局平衡司,1990)。应该说,这一分类与国际标准基本上是一致的,但用语不够规范,分类也比较粗。到1993年正式核算支出法GDP时,将产品和劳务净出口改称为货物和服务净出口,居民总消费改称为居民消费,社会总消费改称为社会消费,固定资产总投资改称为固定资产形成,流动资产价值增加额改称为库存增加(国家统计局,1993)。此时,有些指标的名称已经与国际标准完全一致,如货物和服务净出口,但有些仍不一致,如总消费、社会消费等。从1993年至2004年第一次全国经济普查前,国内生产总值核算的一些指标逐步采用了更加规范的名称。其中,总消费改称为最终消费,社会消费改称为政府消费,总投资改称为资本形成总额,固定资产形成改称为固定资本形成总额,库存增加改称为存货增加(国家统计局国民经济核算司,1997)。到这时,各支出项目的名称已经与国际标准基本衔接,但还不完全一致,而且分类仍然较粗。

2004年第一次全国经济普查后,在进一步规范某些支出项目名称的基础上,支出项目分类逐步得到细化,如将最终消费、居民消费和政府消费分别改称为最终消费支出、居民消费支出和政府消费支出,将存货增加改称为存货变动(国家统计局国民经济核算司,2007)。目前,支出法GDP划分为最终消费支出、资本形成总额、货物和服务净出口三部分。其中,最终消费支出按照消费主体划分为居民消费支出和政府消费支出,居民消费支出划分为城镇居民消费支出和农村居民消费支出,并采用国家统计局制定的《居民消费支出分类》进行细分类;资本形成总额按资本属性划分为固定资本形成总额和存货变动,固定资本形成总额按资产类型进行细分类;货物和服务净出口分别按货物、服务的出口和进口进行分类(国家统计局国民经济核算司,2016)。

(三) 核算方法的变化

核算方法决定核算结果,随着经济社会的发展,以及统计调查制度和行政记录的改进,中国国内生产总值核算方法不断加以规范和完善,国内生产总值数据也越来越能够客观准确地反映经济发展成果。

1. 从 MPS 体系向 SNA 体系过渡阶段的国内生产总值核算

1985—1992 年是中国国民经济核算由 MPS 体系向 SNA 体系的过渡阶段。国内生产总值现价核算主要采用间接推算的方法,即在国民收入核算的基础上做适当调整,补充计算非物质服务部分,得到国内生产总值。例如,在生产核算中,物质生产部门增加值等于国民收入统计中相应物质生产部门净产值减去对非物质生产服务的支付,加上相应部门的固定资产折旧(国家统计局平衡司,1990);在使用核算中,居民总消费等于国民收入中的居民消费,加上居民文化生活服务消费支出中的非物质部分(国家统计局平衡司,1990)。

在这一时期,不变价核算也主要依靠推算方法。如在生产核算中,首先利用物质生产部门净产值缩减指数缩减物质生产部门现价净增加值,得出物质生产部门不变价净增加值,通过价格指数缩减法计算非物质服务行业不变价净增加值,然后补充计算固定资产基本折旧基金和大修理基金的不变价价值,最终求出不变价国内生产总值(国家统计局平衡司,1990)。

2. 确立核心指标地位之后的国内生产总值核算

1993 年,以国民收入核算的废止为标志,国内生产总值在中国国民经济核算中的核心指标地位得以正式确立,国内生产总值的核算方法也由间接推算改为直接计算。

在这个阶段的初期,现价核算方法的一个突出特点是很多核算项目规定了两种核算方法,但未明确指出当两种方法结果不一致时,以哪种方法的结果为准。如在生产核算中,规定可用生产法和收入法两种方法直接核算各行业增加值;在使用核算中,规定可用收支平衡法和直接计算法两种方法核算居民消费。之所以对同一个核算项目给出两种核算方法,主要是由于这一时期的国内生产总值核算仍处于探索阶段,核算方法还不够完善,尚不能确定哪种方法是最优的方法,需要在实践中对不同方法予以比较,但客观来说,这也在一定程度上有损于国内生产总值核算的规范性。

对于不变价核算来说,虽然也开始采用直接核算的方法,但有些核算方法还不是很规范,分类也比较粗。比如,部分服务行业在采用缩减法计算不变价增加值时,不是对增加值整体进行缩减,而是把增加值区分为净增加值和固定资产折旧两部分,其中净增加值部分利用相应的价格指数进行缩减,固定资产折旧部分则是利用固定资产投资价格指数缩减各年新增的现价固定资产折旧,然后加上基年数据得到各年的不变价固定资产折旧。这种处理方法表面看起来考虑比较周全,但实际上存在一定的理论缺陷,因为收入法增加值的各个构成项目,严格来说是没有对应的价格指数的,因此不能够分割开来进行缩减。

经过几年的探索和实践,到 20 世纪 90 年代后期,中国 GDP 核算方法有了较大程度的发展和完善,特别是在现价核算中明确了各核算项目以哪种核算方法为准,提高了 GDP 核算的规范性。例如,在生产核算中,明确农业、工业、建筑业增加值以生产法核算结果为准,第三产业中各行业增加值基本上都以收入法核算结果为准(国家统计局国民经济核算司,1997;2001)。在使用核算中,明确了居民消费采用直接核算法,不再推荐收支平衡法(国家统计局国民经济核算司,2001)。在不变价核算中,也有了较大程度的改进。如服务业不变价增加值核算改变了原来的区分净增加值和固定资产折旧的方法,改为对增加值整体进行缩减,缩减指数大多采用居民消费价格指数或其中的分项指数,也有部分行业采用单独构建的缩减指数,如金融业采用居民消费价格指数和固定资产投资价格指数的加权平均指数。

通过一系列的改进和完善,中国 GDP 核算方法和核算数据的国际可比性大大提高,也越来越得到国际社会的认可。例如,在1999年之前,世界银行认为中国的统计核算体系和统计核算方法存在一定程度的缺陷,因此不认可中国官方GDP数据,而是在中国官方GDP数据的基础上,自行进行调整。1999年,中国派出代表团与世界银行进行磋商,世界银行也派出考察团访华,经过双方深入磋商和世界银行考察中国的GDP核算及相关统计工作后,世界银行认为中国的GDP核算已经与国际接轨,此后不再对中国官方GDP数据进行调整,其出版物在公布中国GDP数据时直接利用中国官方数据进行计算。

3. 三次全国经济普查后的国内生产总值核算

2004年、2008年和2013年三次全国经济普查,为GDP核算提供了翔实的资料。在常规年度,随着统计改革的不断深入,核算基础资料也日益丰富,如近年来中国建立了规模以上服务业统计制度和部门服务业财务统计制度等。根据这些基础资料,GDP核算分类不断细化,GDP核算方法不断改进。

2004年第一次全国经济普查后,由于经济普查能够提供各种统计单位的详细资料,因此经济普查年度GDP核算方案对不同性质的单位都设计了相应活动增加值的核算方法,改变了以往小规模企业、个体经营户等没有直接调查资料,利用相关资料推算的办法(国家统计局国民经济核算司,2007),同时,也改进了生产核算方法与使用核算方法的衔接,如在居民自有住房服务消费和金融中介服务消费方面,GDP使用核算采用了与生产核算一致的资料来源和计算方法,提高了两者在方法和数据上的协调性(国家统计局国民经济核算司,2007)。

2008年第二次全国经济普查后和2013年第三次全国经济普查后,在第一次全国经济普查年度GDP核算方案的基础上,结合国民经济核算国际标准的修订,对部分核算方法适时做出了调整,以保持GDP核算方法和数据的国际可比性。如在间接计算的金融中介服务产出核算中,不再采用1993年SNA建议的方法,利用银行的应收财产收入减去应付利息计算,而是采用了2008年SNA推荐的参考利率法计算,并且对金融中介服务产出的分摊方法也做出了改进(国家统计局国民经济核算司,2011);在固定资本形成总额的核算中,按照2008年SNA的规定,将军事武器系统投资纳入其中(国家统计局国民经济核算司,

2016)。

在常规年度,考虑到与普查年度核算方法和结果的衔接,根据基础资料的不同情况制定了不同的核算方法。对于可以获得基础资料的一些规模较大、较为正规的企业和行政事业单位,采用了与普查年度一样的直接核算的方法,对于不能获取基础资料的规模较小的企业、个体经营户等单位,主要利用普查年度 GDP 核算中相应的比例关系进行推算。

2016 年,结合 2008 年 SNA 的修订情况,国家统计局实施了研发支出核算方法改革,将能为所有者带来经济利益的研发支出由原来作为中间消耗修订为固定资本形成,进而计入 GDP,并据此修订了 1952 年以来的 GDP 历史数据。通过这一核算方法改革,进一步反映了创新在经济增长中的作用,提高了中国 GDP 数据的国际可比性(许宪春等,2016)。

经过三次全国经济普查,随着 GDP 现价核算方法的不断改进和完善,不变价核算方法也在不断地改进和完善,特别是随着行业分类和支出项目分类的不断细化,各行业不变价增加值和各不变价支出项目就可以采用更合适的方法或选取更合适的价格或物量指数进行核算。以金融业为例,原来其所属各行业不变价增加值采用同样的缩减指数,现在则分为四个大类行业(货币金融服务、资本市场服务、保险业、其他金融业)分别构建合适的缩减指数进行核算。又如在不变价固定资本形成总额核算中,从过去只用一个价格指数进行整体缩减,逐渐改进到分住宅、非住宅建筑物、机器和设备等七个部分,分别利用合适的价格指数进行缩减,其中住宅还进一步细分为住宅投资和住宅销售增值,非住宅建筑物进一步细分为非住宅建筑物(不包括非住宅房屋销售增值)和非住宅房屋销售增值(国家统计局国民经济核算司,2016)。

(四)GDP 历史数据的补充和修订

如前所述,中国 GDP 核算工作始于 1985 年,为了满足宏观经济分析和管理对数据的连续性和可比性的要求,国家统计局对 1985 年以前的 GDP 历史数据进行了补充。按照国际惯例,在 GDP 核算资料来源和核算方法发生重大变化的时候,需要对 GDP 历史数据进行修订。根据这一原则,中国 GDP 历史数据曾经根据普查年度资料来源的变化情况和核算方法的改革情况,进行过多次全面系统性修订。

1. 1952—1984年GDP历史数据的补充

由于中国从1985年开始进行GDP核算,所以没有1985年以前年度的GDP历史数据,因而无法从可比的时间序列的角度分析中华人民共和国成立以来中国的经济发展情况,也无法对改革开放之后和改革开放之前经济发展情况进行比较研究,满足不了分析应用的需要。有鉴于此,国家统计局对1985年以前GDP历史数据进行了系统补充。

中国GDP历史数据的补充是分两次进行的。第一次是对改革开放后的1978—1984年数据的补充,这项工作是在1986—1988年进行的;第二次是对中华人民共和国成立初期至改革开放前的1952—1977年数据的补充,这项工作是在1988—1989年进行的。这两次重大补充的内容基本相同,既包括GDP生产核算,也包括GDP使用核算。两次重大补充的方法也基本相同。在生产核算方面,首先对农业、工业、建筑业、运输邮电业、商业餐饮业五大物质生产部门的净产值进行调整,扣除其中对非物质服务的支付,增加固定资产折旧,得到这些部门的增加值;然后补充计算各非物质生产部门增加值。将各物质生产部门和非物质生产部门增加值相加,得到GDP。在使用核算方面,是对国民收入中的消费总额、积累总额、进出口进行补充和调整。对消费总额进行补充和调整,是在国民收入的居民消费和社会消费的基础上分别加上居民文化生活服务消费支出中的非物质部分和社会消费核算所依据的各项费用中的非物质消耗部分,使之分别形成GDP的居民消费和政府消费。对积累总额进行补充和调整,主要是把固定资产折旧补充到国民收入的固定资产积累中,使之成为GDP中的固定资本形成总额。对货物和服务进出口进行补充和调整,主要是把非物质服务进出口补充到国民收入的货物和服务进出口中,形成GDP的货物和服务进出口(许宪春,2000)。

2. 全国第三产业普查后GDP历史数据的修订

中国于1993—1995年进行了首次全国第三产业普查(普查年度是1991和1992两年),以解决常规性统计对非物质服务行业生产活动覆盖不全的问题,并根据普查得到的资料对普查年度的 GDP 数据进行了重新核算。由于普查发现了一些常规统计调查没有覆盖的经济活动,因此普查年度重新核算的 GDP 数据相对于利用常规统计调查资料得到的 GDP 初步核算数据有了一定幅度的上调。如果不对 GDP 历史数据进行相应修订,就会给 GDP 时间序列数据造成一个"台阶",影响 GDP 数据的历史可比性。

首次第三产业普查后的 1994—1995 年,根据第三产业普查资料,国家统计局对 GDP 历史数据进行了全面系统修订,涉及的时间范围为 1978—1993 年①。从修订的幅度来看,1991—1993 年的 GDP 总量分别上调了 7.1%、9.3% 和 10.0%,说明常规统计在全面反映经济活动方面确实存在一定遗漏,通过普查后的数据修订,起到了查漏补缺的作用。在中国国民经济核算历史上,这是第一次根据普查资料对 GDP 历史数据进行全面系统修订,也是 GDP 历史数据的第一次重大修订(许宪春,2000;2006b)。

3. 第一次全国经济普查后 GDP 历史数据的修订

进入 21 世纪后,中国经济开始进入新一轮高速增长期。为了进一步摸清国情国力,根据国务院决定,中国于 2004 年开展了第一次全国经济普查。这次经济普查是中国历史上涉及经济活动范围最广的一次普查,调查范围包括除农林牧渔业以外的所有行业。这次普查为中国 GDP 核算提供了比较完整的资料来源,国家统计局利用这些普查资料对 2004 年 GDP 数据进行了重新核算,同时也对一些核算方法做了调整。为了保证 GDP 数据的历史可比性,必须对 2004 年以前的数据做相应修订。

这一次 GDP 历史数据的全面修订,结合了资料来源变化和核算方法改革两方面的情况。其中,针对资料来源的变化,将 GDP 历史数据修订追溯到 1993 年。未对 1993 年以前的 GDP 数据做资料来源变化方面的修订,主要是因为资料来源变化所导致的普查年度 GDP 数据的变化,基本上都是由第三产业资料来源变化引起的,第二产业资料来源的变化影响很小,而第三产业普查后,已经

---

① 修订的时间范围之所以包括了第三产业普查后的 1993 年,是因为普查结果出来的比较晚,在对 1993 年 GDP 进行初步核算时,并没有以第三产业普查年度的 GDP 数据为依据,因此也需要对 1993 年 GDP 数据进行修订。

对1993年以前的GDP历史数据进行过修订。针对核算方法改革,将GDP历史数据的修订追溯到1952年。这方面的数据修订之所以一直追溯到1952年,是因为核算方法的变化影响历年GDP数据,不对历年GDP数据进行修订将无法保证历史数据的可比性。从修订幅度来看,2004年GDP总量上调了16.8%,是到目前为止历次普查年度GDP数据修订幅度最大的一次(许宪春,2006a),也从一个侧面反映出进入新世纪后中国经济特别是服务业迅速发展,常规统计遗漏较多。通过第一次全国经济普查,弥补了常规统计的不足,大大提高了GDP数据的全面性、科学性和准确性。

4. 第二次和第三次全国经济普查后GDP历史数据的修订

2008年和2013年,中国分别开展了第二次和第三次全国经济普查。普查后,根据GDP核算资料来源的变化情况,国家统计局均对GDP历史数据进行了修订,以保证数据的历史可比性。

其中,第二次经济普查后,GDP数据修订的时间范围为2005—2008年。第三次全国经济普查后,根据资料来源的变化情况,对2009—2013年的GDP历史数据进行了修订,同时由于金融业核算方法发生了变化,对金融业增加值的修订追溯至1952年,这样实际上也就相当于将GDP的修订年份追溯至了1952年。从修订幅度看,第二次经济普查后,2008年GDP总量上调了4.4%;第三次经济普查后,2013年GDP总量上调了3.4%(许宪春,2015)。从修订幅度看,第二次和第三次经济普查后GDP的修订幅度明显低于第一次经济普查后GDP的修订幅度,说明虽然常规统计仍不能完全覆盖所有经济活动,但通过统计调查制度的改革完善,遗漏程度已大大降低。

5. 研发支出核算方法改革后GDP历史数据的修订

2016年,为了更好地反映创新对经济增长的贡献,进一步推动中国国民经济核算与国际标准接轨,国家统计局按照2008年SNA的建议,改革了研发支出核算方法,将能够为所有者带来经济利益的研发支出不再作为中间消耗,而是作为固定资本形成处理计入GDP。根据新的核算方法,国家统计局修订了1952—2015年的GDP历史数据。从修订幅度看,2015年GDP总量上调了1.3%,说明中国经济中的研发活动占比还较为有限,对GDP数据的影响幅度较小(许宪春等,2016)。

三、中国国内生产总值核算进一步改革和发展展望

经过三十多年的改革和发展,中国 GDP 核算逐步完善,但是与发达国家 GDP 核算水平相比还存在一定的差距,同时,随着中国经济社会不断涌现新的情况,经济社会管理不断产生新的需求,国民经济核算国际标准也发生了一系列新的变化,中国 GDP 核算需要进一步改革和发展,才能适应中国特色社会主义进入新时代之后,宏观调控需要更加翔实、更加准确、更能反映经济发展实际的 GDP 核算数据的新需求,才能体现高速增长阶段转向高质量发展阶段的新变化,才能更好地服务于中国经济社会发展和提高国际可比性,在推进国家治理体系和治理能力现代化中发挥更加重要的作用。

(一) 居民自有住房服务价值核算方法改革

居民自有住房服务价值核算是 GDP 核算中的重要组成部分。中国的居民自有住房服务价值核算一直采用成本法,即利用房屋的固定资产折旧成本,以及维护修理费、物业管理费等维护成本来核算居民自有住房服务价值。应当说这种方法与中国过去居民自有住房率高、住房租赁市场不发达、住房租金信息难以获得等实际情况是相适应的。但 21 世纪以来,随着经济的迅速发展,中国房地产市场获得迅猛发展,尤其是部分城市的房价迅速提高,导致城镇房屋造价与市场价值的差距越来越大。在中国居民自有住房服务价值核算中,固定资产折旧成本是基于房屋造价成本计算的,这就使得城镇居民自有住房服务价值存在明显的低估。另外,随着人口流动性的不断提高,通过租赁形式解决住房问题的城镇人口越来越多,中国城镇地区的住房租赁市场日益成熟和完善起来。许多城市,特别是大中城市,利用成本法计算的居民自有住房服务价值同利用租金法计算的结果相比有一定的差距。在这种情况下,使用 2008 年 SNA 推荐的租金法计算的结果更能反映中国城镇居民自有住房服务的客观情况。

租金法的基本思路是利用租用同样大小、质量和类型的房屋所支付的租金

来核算居民自有住房服务的价值。以前我国常规统计对房屋租赁的覆盖不够，相关基础统计指标的可获取性较差，因此实施租金法在实践上存在一定的难度。近年来，随着中国统计调查制度的不断改革完善，与住房租赁相关的一些统计指标的可获得性有所增强，数据质量也不断提高，中国具备了利用租金法核算城镇居民自有住房服务价值的基本条件。通过改革，可以更客观地反映城镇居民自有住房服务的规模和发展速度，也有利于提高中国 GDP 数据的国际可比性。另外，由于中国农村房地产市场比较落后，住房出租率非常低且房屋价值较为稳定，居民自有住房服务价值暂不宜采用租金法，应该继续延用成本法进行核算。

（二）金融业核算方法改革

对于金融业核算来说，其产出往往不能简单地根据营业收入确定，因此关键的问题是如何根据不同活动的特点，科学确定相应的产出核算方法，以准确衡量金融业及各子行业的规模。其中既包括金融中介服务、中央银行服务、非寿险服务等传统金融活动在产出测算中存在的问题，也包括新型金融服务业态核算带来的新挑战。因此，就上述金融活动核算方法提出改革和研究建议。

一是间接计算的金融中介服务（FISIM）的分摊和不变价核算问题。FISIM 一方面是金融中介服务机构的产出，另一方面是这些服务的使用者的中间消耗或最终消费支出（在不考虑进出口的情况下）。FISIM 的分摊问题虽然不影响金融业总产出，但会影响其他行业的中间消耗和居民部门的最终消费支出，进而会在一定程度上影响 GDP 结构。目前，中国 FISIM 分摊的处理方式还比较简单，主要是按存贷款总额的比例进行分摊。这种方法的不足是，没有反映存贷款在 FISIM 提供中的差异性，没有反映各种不同种类、不同期限的存贷款提供的金融中介服务的差异性。较为理想的方式是按照种类、期限、对象等标准区分存款和贷款，分细类对 FISIM 进行分摊，但这有赖于详细的基础数据的支撑。在 FISIM 的不变价核算方面，目前采用单缩法，缩减指数是消费投资价格指数和同业拆借利率指数的加权平均指数。虽然目前缩减指数的计算方法引入了利率指数，以试图来反映金融服务价格的变化，但主要还是基于消费和投资价格指数,而消费和投资价格指数到底能在多大程度上反映金融中介服务整体的价格变化情况,是一个值得深入探讨的问题。事实上,金融中介服务的价格在实践中是非常难以获得的,因此一些发达国家不再用价格指数缩减法进行不变价 FISIM 核算,而是选用物量指数外推法,但这种方法对基础数据的要求又特别高,难以实现,因此 FISIM 的不变价核算方法尚需在实践中不断探索改进。

二是中央银行服务产出核算问题。中央银行是金融业的重要组成部分,其产出核算会影响整个金融业的产出和增加值。同时,由于中央银行既从事非市场性的货币政策制定实施等活动,又从事市场性的金融交易活动,其产出核算较为复杂。目前,按照 2008 年 SNA 的建议,中国在核算中央银行服务产出时区分了市场产出和非市场产出,但划分的依据是会计制度类型,而不是活动性质。由于缺乏足够详细的基础财务资料和中央银行职能的特殊性,目前完全根据服务活动的性质区分市场产出和非市场产出在操作上存在较大困难。但随着中国市场化改革的不断推进,以及中国人民银行财务制度的进一步规范和完善,可以积极尝试按照活动性质划分市场产出与非市场产出。另外,2008 年 SNA 建议,如果存在利率干预的情况,相关流量不能全部计算为中央银行的 FISIM,部分应记录为隐含的税收或补贴,而目前中国在核算中央银行的 FISIM 时尚没有考虑这一点,但央行实行利率干预的情况有时会发生,对此应该予以重视,开展相关研究,探讨核算方法,并且评估不同的核算方法对数据的影响。

三是新型金融服务业态核算问题。近些年来,中国新型金融服务业态呈风起云涌之势,类别多样,经营特点也很不同,这给新型金融业总产出和增加值核算带来很大挑战。特别是像互联网金融等新型金融活动,具有创立时间短、企业规模小、发展迅猛、运营模式复杂、短期内未盈利等特点,核算其总产出和增加值难度更大。要想准确核算新型金融服务业态的总产出和增加值,首先要获得准确而翔实的基础统计数据,其次必须摸清不同新型金融服务业态的运营特点和盈利模式,结合 2008 年 SNA 的相关规定,科学确定核算方法。

四是非寿险服务产出核算问题。调整和平滑赔付支出数据是 2008 年 SNA

非寿险服务核算方法的关键改进之处,这样可以避免在巨灾年份由于赔付支出过大而造成产出低估问题。目前,中国的非寿险服务核算还在采用1993年SNA的方法,未对非寿险的赔付支出数据进行平滑调整。在常规年份,这种方法没有太大问题,但考虑到中国是一个自然灾害多发的国家,在发生巨灾的年份,这种方法有可能会造成数据的大幅波动,因此采用2008年SNA推荐的新方法核算非寿险服务产出显得尤为必要。

(三)国内生产总值使用核算改革

目前,中国GDP使用核算结果与生产核算结果之间还存在一定差距,核算分类还不够细化,在数据公布方面,仅公布年度现价核算结果,年度不变价GDP和季度GDP核算一直处于试算阶段,尚未正式对外公布核算结果(仅公布过三大支出项目相对于GDP生产核算结果的贡献率和拉动点数)。这使得GDP使用核算结果不能很好地满足社会各界的需求,也制约了GDP在宏观经济需求侧管理方面发挥更大的作用。

GDP使用核算改革主要包括四个方面的内容。一是利用供给使用平衡的思路和方法,不断提高GDP使用核算和生产核算结果之间的衔接程度。二是细化支出项目分类。近年来GDP使用核算的分类虽然有所细化,但与国际标准相比仍有不小的差距。以最终消费支出为例,目前居民消费支出只划分为十个类别,政府消费支出只有一个类别。三是不断改进不变价GDP使用核算,特别是政府消费支出、存货变动和净出口等薄弱环节的不变价核算,争取早日对外公布不变价GDP使用核算数据。四是不断改进季度GDP使用核算,争取早日建立正式的季度GDP使用核算制度。

(四)不变价国内生产总值核算方法改革

中国经济已经由高速增长阶段转向高质量发展阶段,其中一个重要的表现就是GDP增速的换挡。在高质量发展阶段,需要更加客观准确地反映经济增长速度,这对不变价GDP核算,特别是在比较薄弱的服务业、非市场性活动不变价核算等方面,提出了更高的要求。不变价GDP核算方法改革主要包括四个方面的内容。

一是研究建立部分服务业行业的生产价格指数。目前,中国编制了农业和工业的生产价格指数,在服务业领域,只有消费价格指数,尚未正式建立生产价格指数统计调查制度,因此大部分服务业不变价增加值核算主要利用居民消费价格指数中的服务项目指数或其相关子项目进行缩减。但是,由于许多生产性服务活动的服务对象不是居民,因此这些服务活动实际上没有对应的消费价格指数,在这种情况下用居民消费价格指数中的服务项目指数或其相关子项目代替,会影响到这些服务业不变价增加值数据的准确性。

二是完善劳动工资调查制度,改进工资率指数。对于公共管理和社会组织等非市场性服务业,没有适当的价格指数可用于不变价增加值核算,可供选择的思路之一是构建工资率指数作为缩减指数。为了比较科学地计算工资率指数,应完善现有的劳动工资调查制度,改进调查内容和方法,增加按小时工资和按人员级别的分组,以反映劳动生产率和工作时间的变化。

三是研究采用链式指数进行不变价 GDP 核算。在不变价 GDP 核算中,核算基年的确定和使用时间的长短对不变价 GDP 的核算结果会产生直接影响。如果基年使用时间太长,由于产品结构和价格结构变化很大,会扭曲不变价 GDP 及其增速数据。为避免这种问题,SNA 建议采用链式指数的方法进行不变价 GDP 核算。链式指数采用滚动的基年,可以保证总是使用最新的产品结构和价格结构。中国目前每 5 年更换一次不变价 GDP 核算的基年,与以往每 10 年更换一次基年的做法相比,基年的使用时间大大缩短了。但是,随着社会主义市场经济的迅速发展,新的经济活动和新的产品类型不断涌现,5 年更换一次周期也已经不适应经济的迅速发展变化了,应研究采用链式指数进行不变价 GDP 核算的可行性。

四是开展不变价供给使用核算研究。目前,中国不变价 GDP 生产核算过多依赖于单缩法,基本没有采用双缩法。这其中很重要的一个原因就是难于准确核算不变价中间投入。从一些发达国家的实践看,供给使用表可以提供一个计算不变价中间投入的框架,从而可以在不变价 GDP 核算中应用双缩法。另外,通过不变价供给使用核算框架,也可以有效控制不变价 GDP 生产核算和使用核算的数据差异,减轻公布不变价 GDP 使用核算数据的压力。

(五)季度国内生产总值核算方法改革

中国季度 GDP 核算始于 1992 年,曾经长期采用累计核算的方式,季度 GDP 增速是累计同比数据,没有分季数据,也没有环比数据。2008 年国际金融危机爆发后,宏观经济管理部门和社会各界对进度统计数据提出了更高的要求,希望统计数据能够更灵敏地反映宏观经济的短期变化。国际货币基金组织等机构建立了二十国集团应对数据缺口的国际合作机制,提出要更加注意短期经济指标的监测。为适应这种需求,2011 年第一季度,国家统计局建立了季度 GDP 环比统计制度,结束了长期以来中国 GDP 数据只有同比增速没有环比增速的历史。但这时用于计算环比增速数据的分季 GDP 数据,是利用累计 GDP 倒减得到的,还不是真正意义上直接计算的分季 GDP 数据。2015 年第三季度,国家统计局正式建立了分季 GDP 核算制度,使中国季度 GDP 核算有了一个根本性的变革。中国的分季 GDP 核算起步较晚,还存在基础统计不够扎实、缺乏能够反映新经济活动的代表性指标等问题,需要进一步改进,为相机调控、精准调控提供更加可靠的高频宏观经济数据。

一是建立健全专业统计调查制度,推进专业统计建立以分季或分月为基础的统计调查制度,以及专业统计定期报表综合数据修订制度,从而与分季 GDP 核算相适应。二是在季度 GDP 核算中,加强对代表性指标的选取。目前大部分行业的季度增加值核算主要是基于少数几个代表性指标,这种方法在经济发展比较稳定的情况下一般来说问题不大,但在经济形势变化较快,特别是新经济活动不断涌现的情况下,这些代表性指标是否还能充分代表整个行业的发展情况,需要进行深入研究。三是积极开展季度供给使用表的研究工作。相对于年度核算,季度核算数据的真实性和准确性更加难以把握。应深入研究和编制现价和不变价供给使用表,发挥它们在季度 GDP 核算中的协调作用,用以检验来自不同渠道统计数据的一致性和匹配性。四是逐步改进和完善并适时发布季度支出法 GDP 及其构成项目数据,满足宏观经济管理和社会需要。

（六）地区生产总值核算方法改革

1985年国家统计局开展国家GDP核算后，各省区市统计局也同步开展了地区GDP核算。中国的GDP核算一直采用分级核算的模式，国家统计局制定GDP核算制度方法并负责国家GDP核算，各省区市统计局按照国家统计局制定的制度方法核算本地区GDP。长期以来，中国地区GDP数据与国家GDP数据存在一定程度的差异，有的年份差异还比较大，这种状况不利于正确把握各地经济形势，不利于实施科学的宏观调控，还影响了政府统计公信力，需要加以解决，以实现地区GDP汇总数据与国家GDP数据之间的衔接，这对于提高国家和地区GDP数据质量、科学研判经济运行形势、制定宏观经济政策，都具有十分重要而深刻的意义。

地区GDP与国家GDP数据产生差距既有技术方面的原因，包括跨地区经营单位的重复统计问题等问题，也有体制机制方面的原因，包括分级核算制度造成的问题。从国际上来看，凡是实行分级核算制度的国家，如日本、俄罗斯等，均不同程度地存在地区与国家GDP数据不衔接的问题。随着联网直报等现代统计技术手段的广泛应用，重复统计等技术问题已在较大程度上被解决，分级核算制度成为造成地区与国家GDP数据差距的主要原因。因此，要从根本上解决这个问题，必须改革现行的分级核算模式，实行统一核算模式，即由国家统计局统一组织核算地区GDP。2013年11月，党的十八届三中全会通过的《中共中央关于全面深化改革若干重大问题的决定》提出，要"加快建立国家统一的经济核算制度"。按照中共中央、国务院的要求，国家统计局拟定了《地区生产总值统一核算改革方案》。2017年6月，中央全面深化改革领导小组第36次会议通过了这个方案，计划于2019年第四次全国经济普查之后正式开展地区GDP统一核算工作。地区与国家GDP数据的差距问题有望得到根本解决。

四、结　　语

自正式建立核算制度以来，中国GDP核算根据经济社会发展实际情况的变化和国际标准的变化,在基本概念、基本分类、资料来源和核算方法等方面不断进行改进和完善,取得了长足进步。GDP 在经济分析、政策制定、经济管理和决策中发挥了重要的作用,深刻地反映了改革开放 40 年来中国特色社会主义市场经济取得的巨大成就。但同时也要看到,随着中国特色社会主义进入新时代,GDP 核算在居民自有住房服务价值核算、金融业核算、支出法核算、不变价核算、季度核算、地区核算等方面还存在一定的短板和不足,需要进一步的改革发展,才能更好地满足准确客观反映经济高质量发展的要求。

党的十九大报告明确了从 2020 年到本世纪中叶分两步走全面建设社会主义现代化国家的新目标,提出到 2035 年基本实现社会主义现代化,到本世纪中叶,把中国建成富强民主文明和谐美丽的社会主义现代化强国。虽然"两步走"目标并没有直接设置 GDP 的具体目标,但客观反映"两步走"目标的进展状况,需要科学完善的统计体系的支撑,其中 GDP 作为反映经济发展情况最重要的综合指标应该发挥应有的作用。"不唯 GDP"并不是不要 GDP,而是要更高质量的 GDP,这既要求经济高质量发展,也要求 GDP 核算不断根据时代的发展,与时俱进,及时客观准确地反映和刻画经济发展的深刻变化。

目前,国务院已经批复同意国家统计局印发实施《中国国民经济核算体系(2016)》。这一体系是对《中国国民经济核算体系(2002)》的全面修订,反映了新时代中国经济社会发展产生的新情况,经济社会管理产生的新需求,国际标准发生的新变化,统计和国民经济核算制度方法改革取得的新进展和新经验。作为中国国民经济核算体系的核心指标,GDP 核算应按照批复所要求的,"立足我国经济社会发展实际,充分吸收借鉴国际经验",在实践中不断改革和发展,更好地服务于新时代宏观调控和经济社会发展。

参 考 文 献

[1] United Nations, European commission, International Monetary Fund, Organization for Economic Co-operation and Development, World Bank. System of National Accounts 2008[M]. United Nations, 2009.

[2]〔美〕保罗·萨缪尔森,威廉·诺德豪斯.宏观经济学(第16版)[M].北京:华夏出版社,1999.

[3]国家统计局.关于印发《国民生产总值计算方案》(征求意见稿)的通知,统平字220号,1985.

[4]国家统计局.国家统计调查制度.1994.

[5]国家统计局国民经济核算司.中国第二次经济普查年度国内生产总值核算方法(2008年).2011.

[6]国家统计局国民经济核算司.中国第三次经济普查年度国内生产总值核算方法.2016.

[7]国家统计局国民经济核算司.中国非经济普查年度国内生产总值核算方法[M].北京:中国统计出版社,2008.

[8]国家统计局国民经济核算司.中国非经济普查年度国内生产总值核算方法(第一次修订).2013.

[9]国家统计局国民经济核算司.中国国内生产总值核算手册.2001.

[10]国家统计局国民经济核算司.中国经济普查年度国内生产总值核算方法[M].北京:中国统计出版社,2007.

[11]国家统计局国民经济核算司.中国年度国内生产总值计算方法[M].北京:中国统计出版社,1997.

[12]国家统计局.国民生产总值统计报表制度.1991.

[13]国家统计局.国民生产总值统计报表制度.1987a.

[14]国家统计局.国民收入和国民生产总值统计主要指标解释,载《国民经济主要统计指标揭示》.1987b.

[15]国家统计局.国内生产总值、国民收入指标解释及测算方案.1992a.

[16]国家统计局.国内生产总值指标解释及测算方案.1993.

[17]国家统计局平衡司.国民收入、国民生产总值统计主要指标解释.1990.

[18]国家统计局.中国国民经济核算体系(2016)[M].北京:中国统计出版社,2017.

[19] 国家统计局.中国国民经济核算体系(2002)[M].北京:中国统计出版社,2003.

[20] 国家统计局.中国国民经济核算体系(试行方案).1992b.

[21] 国务院办公厅.国务院办公厅转发国家统计局关于建立第三产业统计的报告的通知,国办发29号.1985.

[22] 吕峰.中国GDP核算制度的建立和核算方法的历史演变,国家统计局内部刊物《统计制度方法研究》.2016.

[23] 许宪春.关于第三次经济普查年度国内生产总值核算的修订[J].比较,2015(2).

[24] 许宪春.关于经济普查年度GDP核算的变化[J].经济研究,2006a(2).

[25] 许宪春,郑学工.改革研发支出核算方法,更好地反映创新驱动作用[J].国家行政学院学报,2016(5).

[26] 许宪春.中国国内生产总值核算[M].北京:北京大学出版社,2000.

[27] 许宪春.中国两次GDP历史数据修订的比较[J].经济科学,2006b(3).

[28] 钟兆修.中国国民经济核算的历史考察与展望[M].北京:中国环境科学出版社,2009.

第二篇　研发支出核算方法改革研究

许宪春　郑学工

为了促进创新驱动发展战略和大众创业、万众创新一系列政策措施的深入贯彻实施,更好地反映创新对中国经济发展的驱动作用,推动中国国民经济核算与新的国际标准接轨,国家统计局积极推进研发支出核算方法改革,在学习借鉴发达国家经验的基础上,制定了切实可行的研发支出资本化核算方法,系统修订了1952年以来的年度GDP数据和1992年以来的季度GDP数据。

一、研发支出核算方法改革的背景和意义

(一) 国际上研发统计与核算的发展概况

研究与试验发展,或者研究与开发,简称研发(R&D),是指为了增加知识储量以及利用这些知识创造新的应用而系统开展的创造性活动。1963年,经济合作与发展组织(OECD)为指导各成员方做好研发统计工作,制定了《研究与试验发展调查实施标准》,即《弗拉斯卡蒂手册》(Frascati Manual,以下简称《手册》),到目前为止已经发布到了第6版。许多国家根据该手册制定了本国的研发统计调查制度。中国于1995年正式建立了研发统计调查制度。

在实际生产活动中,研发成果的使用周期较长,能够为所有者带来经济利益,具有固定资产的属性。但是在过去,由于研发活动在推动世界各国经济增

长方面的作用尚未充分显现,同时由于研发活动成果难以测度,国民经济核算国际标准和各国实践都将研发支出作为中间投入处理,因此GDP未能体现研发活动对经济增长所作的贡献。20世纪90年代以来,世界各国尤其是发达国家越来越重视研发活动,研发支出快速增长,对各国经济增长尤其对发达国家经济增长发挥了越来越大的作用,研发成果的固定资产属性越来越明显。同时,研发统计基础也越来越扎实,特别是部分发达国家对研发支出资本化核算方法进行了较长时间的探索,逐渐成熟。

2009年,联合国等五大国际组织颁布了国民经济核算新的国际标准,即《国民账户体系2008》(2008年SNA),新标准引入了知识产权产品概念,拓展了固定资产的边界,将能够为所有者带来经济利益的研发成果视为知识产权产品列入固定资产。新标准同时修订了GDP核算方法,将相应的研发支出由中间投入修订为固定资本形成计入GDP。2008年SNA颁布后,世界主要国家纷纷响应,先后实施新的国际标准,修订研发支出核算方法,使GDP客观地反映研发活动应有的经济价值。

截至2015年年底,已有39个国家按照2008年SNA的建议,实施了研发支出核算方法改革。这些国家主要是OECD成员或欧盟成员国。其中,澳大利亚在2009年率先采用新核算方法;加拿大在2012年采用新核算方法;2013年,以色列、墨西哥和美国先后宣布实施研发支出核算方法改革;2014年,更多国家采用了新核算方法,包括韩国、冰岛、挪威、新西兰、瑞士和英国,以及欧盟所有27个成员国;2015年,印度也实施了包括研发支出在内的GDP核算方法改革。实施研发支出核算方法改革后,各国GDP总量均有所增加(见表2.1)。

表2.1 OECD国家研发支出核算方法改革对GDP(2010年)的影响　　单位:%

国家	研发支出占GDP的比例	研发支出核算方法改革后GDP增加比率	研发支出计入GDP的比例
澳大利亚	2.19	1.4	63.9
奥地利	2.76	2.3	83.3
比利时	2.05	2.4	117.1

(续表)

国家	研发支出占GDP的比例	研发支出核算方法改革后GDP增加比率	研发支出计入GDP的比例
加拿大	1.81	1.2	66.3
捷克	1.34	1.2	89.6
丹麦	2.94	2.6	88.4
爱沙尼亚	1.58	0.9	57.0
芬兰	3.73	4.0	107.2
法国	2.18	2.2	100.9
德国	2.71	2.3	84.9
希腊	0.60	0.6	100.0
匈牙利	1.15	1.2	104.3
爱尔兰	1.61	3.5	217.4
以色列	3.93	2.2	56.0
意大利	1.22	1.3	106.6
韩国	3.47	3.6	103.7
卢森堡	1.53	0.5	32.7
荷兰	1.72	1.8	104.7
新西兰	1.3	1.1	84.6
挪威	1.65	1.4	84.8
波兰	0.72	0.5	69.4
葡萄牙	1.53	1.3	85.0
斯洛伐克	0.62	0.6	96.8
斯洛文尼亚	2.06	1.9	92.2
西班牙	1.35	1.2	88.9
瑞典	3.22	4.0	124.2
英国	1.69	1.6	94.7
美国	2.74	2.5	91.2
OECD平均	2.3	2.2	92.7

注：① 资料来源：OECD网站；② 澳大利亚为2007年数据，丹麦为2008年数据，挪威为2011年数据。

(二) 中国研发支出核算方法改革的意义

中国改革开放三十多年,经济快速发展,经济实力不断增强,但是经济发展也积累了一些突出矛盾和问题,资源环境对经济增长的约束不断强化,人口年龄结构的变化导致劳动力供给减少。在中国资源环境红利和人口红利逐渐减少的情况下,技术进步对于提高劳动生产率,提高资本和资源使用效率具有非常重要的作用,因而逐步成为中国经济发展的重要驱动因素,成为提高中国经济增长质量和效益、实现转型升级的重要手段。而研发是推动技术进步的主要方式。实施研发支出核算方法改革,将其由中间投入调整为固定资本形成计入GDP,具有重要的导向和激励作用,有利于引导政府、企业、科研机构和高校加大研发投入力度,从而有利于推动中国技术进步,使之在中国经济发展、提质增效和转型升级中发挥越来越重要的驱动作用。

2015年3月,中共中央、国务院印发了《关于深化体制机制改革加快实施创新驱动发展战略的若干意见》,要求"改进和完善国内生产总值核算方法,体现创新的经济价值"。在2016年5月召开的全国科技创新大会上,习近平总书记强调指出"要在中国发展新的历史起点上,把科技创新摆在更加重要位置"。

因此,实施研发支出核算方法改革,是实施国民经济核算新的国际标准的需要,更是中国经济社会可持续发展的需要,是实施创新驱动发展战略的需要,是贯彻落实中共中央、国务院重大决策部署的需要,是客观反映创新对中国经济发展的驱动作用的需要,是统计更好地服务于国家宏观决策和经济社会发展的重大改革措施。

二、研发支出核算方法改革的基本原则和国际经验

2008年SNA就研发支出核算方法改革给出了基本原则,但是,对于研发支出核算方法改革所涉及的具体操作方法,例如研发产品价值的计算方法、研发产品使用寿命的确定和研发价格指数的选取等,并没有提供具体的指导。各

国都是根据2008年SNA的基本原则,结合本国的实际情况,制定研发支出核算方法改革的具体做法。

(一) 基本原则和分类

1. 2008年SNA关于研发活动的划分原则

2008年SNA给出的基本原则是,将能够为所有者带来经济利益的研发活动形成的研发产品作为固定资产,当期用于这些研发活动的支出作为固定资本形成;不能为所有者带来经济利益的研发活动不形成固定资产,当期的研发活动支出继续作为中间投入。

2. 2008年SNA关于研发产品的估价原则

2008年SNA建议,对于企业等市场生产者为自身利益而从事研发活动所形成的研发产品,原则上应按其如被商业转包所应支付的市场价格估价;对于由专门的商业性研究机构进行研发活动所形成的研发产品,应按销售收入、合同收入、佣金收入、服务费等估价;政府单位、大学和非营利性研究机构等进行的研发活动属于非市场生产活动,所形成的研发产品应以发生的总成本估价。在实际操作中,如果难以直接获取研发产品的市场价值,按照惯例,应按生产总成本进行估价,其中包括未成功的研发活动的费用,并且应考虑研发活动的资本回报。

3. 研发产品的生产者和使用者分类

在进行研发支出资本化核算时,需要同时考虑研发产品的生产者和使用者的各种不同情况,因为不同类型的生产者和使用者会对总产出、增加值等指标的核算结果产生不同的影响,因此,在进行研发支出资本化核算之前,要对研发产品的生产者和使用者进行分类。首先,从研发产品的生产者来看,可分为国内生产和进口两类。其中,国内生产的研发产品,按生产目的又可分为自给性生产和以出售为目的生产两类。其次,从研发产品的使用者来看,可分为国内使用和出口两类。其中,国内使用的研发产品,按照使用者的属性又可分为企业使用和非企业单位(政府、科研机构、高校等)使用两类。不同类型的生产者和使用者能够组合出多个类别的研发产品,例如,企业自产自用、企业购买、非企业单位自产自用、非企业单位购买等。

(二) 其他国家的主要做法

1. 研发产品的划分及占比

如前所述,研发支出核算方法改革后,研发产品的生产者和使用者不同,对总产出、增加值等核算指标产生不同的影响。为了准确核算研发产品价值、研发资本存量以及国内生产总值的变动情况,各国都是针对本国实际情况,通过调查或人为设定,确定出各种类型研发产品的占比。首先,根据研发统计调查中的机构分类数据确定企业、政府、高校和非营利机构等所占比重。其次,根据一些相关资料确定自产自用和购买的占比。例如,澳大利亚企业的研发支出占全部研发支出的60%以上,并且企业研发活动中90%属于自给性生产;美国私有部门1987—2007年研发活动自给性生产的年均比例为74%。

2. 研发资本存量的核算方法

关于资本存量核算,使用最为广泛的方法是永续盘存法(perpetual inventory approach)。永续盘存法是由美国耶鲁大学教授戈德史密斯(Goldsmith)于1951年首创并用于核算固定资产存量的方法。永续盘存法的实质是估算出资产的平均使用寿命,利用重置价格估算资产价值,对过去不同时期获得的固定资产进行累加。关于研发资本存量的核算方法,是美国哈佛大学教授兹维·格里利切斯(Zvi Griliches)于1980年首次提出的,其基本思想也是基于永续盘存法。目前,各国普遍采用永续盘存法核算研发资本存量。美国经济分析局(BEA)所采用的模型与Zvi Griliches有所不同,但也是基于永续盘存法。

3. 研发资产寿命的确定

确定研发资产寿命是为了计算研发资产折旧率,进而计算研发资产折旧。为此,各国均根据本国实际情况,研究设定研发资产寿命。例如,英国对研发资产使用寿命开展了专项调查,并确定分为9类,其使用寿命分别取4—12年不等;澳大利亚根据专利数据计算,将研发资产平均使用寿命假定为11年;芬兰将研发资产分为5类,使用寿命分别取7—20年不等;荷兰的研发资产平均使用寿命为12.5年。可见,各国研发资产的预期使用寿命差别较大。OECD和欧盟统计局建议,理论上应该通过调查分析确定每类研发资产的使用寿命,如果没有其他可用的信息,研发资产预期使用寿命可定为 10 年。

三、核算、统计、会计关于研发支出处理方法的区别

国民经济核算、统计调查和会计核算关于研发支出的处理方法既有相似的方面,也有明显的区别(见图 2.1)。为了做好研发支出资本化核算工作,我们需要首先厘清这三者之间的关系,进而选择最佳的资料来源、确定恰当的核算方法。

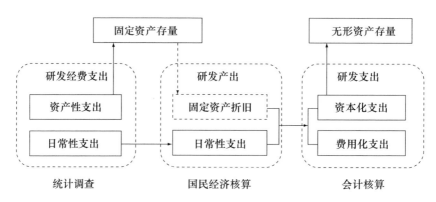

图 2.1 核算、统计、会计关于研发支出的处理方法

(一)国民经济核算与统计调查关于研发支出处理方法的区别

研发支出资本化核算所利用的基础资料主要来源于研发统计调查,各国现行的研发统计调查制度都是根据《弗拉斯卡蒂手册》(以下简称《手册》)制定的。但是,2008 年 SNA 与《手册》在一些问题的处理上是有区别的。首先,两者关于研发产品的测度方法是不同的。2008 年 SNA 规定,购买的研发产品利用市场价格来估价,自产自用的研发产品通常利用总成本(包括生产中使用的固定资产成本)来估价,而《手册》规定利用经费支出测度研发产品。总成本与经费支出的主要区别在于对固定资产的处理方式不同,计入总成本的是已有固定资产的消耗,而计入经费支出的是购置新固定资产的支出。其次,《手册》区分了

研发的实施单位和资助单位,而 2008 年 SNA 则区分了研发产品的生产者和使用者。研发的实施单位通常也是研发产品的生产者,而研发的资助单位不一定总是国民经济核算中研发产品的使用者。此外,两种体系在处理固定资产方面存在着细小差别,《手册》中的建筑物包含了土地价值,而 2008 年 SNA 中的建筑物原则上不包含土地价值。

(二)国民经济核算与会计核算关于研发支出处理方法的区别

国民经济核算中的研发活动总成本与会计核算中的总成本在概念上是比较一致的,即包含了劳动成本、其他日常支出和固定资产消耗等,并且国民经济核算国际标准和中国会计准则都认为,应当对一部分研发支出实行资本化处理。但在研发支出资本化的处理原则和具体操作上,两者又很不一致。依据中国会计准则,研究与开发需要划分为两个阶段,即研究阶段和开发阶段。用于研究阶段的所有支出都应该费用化并计入当期损益,称为费用化支出;而开发阶段的支出,在确认该研发产品有市场价值,能够完成该产品的使用或出售,并且用于开发阶段的支出能够可靠计量的情况下,才能够被资本化,计入无形资产,称为资本化支出。依据国民经济核算国际标准,研发支出是否资本化,并不是按研发活动所处的阶段来确定的,而是要看整个研发活动最终能否为其所有者带来经济利益。只要整个研发活动最终能够为其所有者带来经济利益,即使研发活动的某一阶段未能成功,相应的研发支出也要被资本化。如果一项研发活动明确地不会给其所有者带来任何经济利益,其研发支出将被作为中间投入处理。因此,不能将会计核算中的资本化支出直接用于国民经济核算。

(三)统计调查与会计核算关于研发支出处理方法的区别

依据《弗拉斯卡蒂手册》,统计调查将研发内部支出区分为日常性支出(包括研发人员的劳动成本和其他日常支出)和资产性支出;依据中国会计准则,会计核算将研发支出区分为费用化支出和资本化支出,虽然两者在称谓上比较接近,但内涵上却存在明显区别。对研发统计调查而言,只有购买了固定资产才能统计为资产性支出,否则都属于日常性支出。而会计核算依据研发支出所对应的阶段,将其区分为费用化支出和资本化支出。费用化支出中包含了一次性使用的材料和服务费用以及劳动工资,资本化支出中同样包含这些支出。因此,研发统计调查中的日常性支出不同于会计核算中的费用化支出,资产性支出也不同于资本化支出。

四、中国研发支出核算方法改革的具体做法

研发支出核算方法改革主要体现在三个方面:研发产出核算、研发资本存量核算和研发支出计入GDP核算。研发产出是从研发生产者的角度核算的,反映了当年新创造的研发产品价值;研发资本存量是从研发使用者的角度核算的,反映了研发产品价值的期末存量;研发支出计入GDP是从研发生产者和研发使用者两个角度核算的,反映研发支出资本化后生产法、收入法和支出法GDP及其构成指标发生的变化。

(一) 资料来源

当前,国家统计局、教育部、科技部等部门联合开展的研发统计调查,是中国研发支出资本化核算的主要资料来源。研发统计调查的范围是国民经济各行业中从事研发活动的法人单位,调查的主要指标是研发经费支出。根据研发经费的使用情况可分为研发经费内部支出和研发经费外部支出。其中,研发经费内部支出主要是指用于单位内部开展研发活动的实际支出;研发经费外部支出是指单位委托或与境内单位合作开展研发活动而支付的费用。一般而言,一个单位的研发经费外部支出,即为相关单位的研发经费内部支出。为了避免重复计算,衡量研发经费规模和研发支出资本化核算,都是使用研发经费内部支出。中国公布的研发经费支出合计指标指的便是研发经费内部支出,该指标与GDP的比例往往用来衡量一国对研发活动的投入情况,称为研发投入强度。

研发经费支出主要可以从四个维度进行分类。一是按照支出用途分为日常性支出和资产性支出。其中,日常性支出包括劳动成本、管理费用、购买非生

产性资产的材料物资费用等；资产性支出包括为开展研发活动而进行建造、购置、安装、改建固定资产或进行大的设备改造和修理的费用等。二是按照执行单位分为企业、研究与开发机构、高等学校和其他。三是按照活动类别分为基础研究、应用研究和试验发展。四是按照国民经济行业分类。

(二) 分类和估值

国内生产的研发产品可用于出口，国内使用的研发产品可来自进口，但由于中国研发产品进出口规模较小，同时考虑资料来源的限制，研发支出资本化核算暂不考虑研发产品的进口和出口。目前，主要从研发使用者的角度考虑四种情况，即企业自产自用、企业购买、非企业单位自产自用和非企业单位购买。研发资本存量核算和研发支出计入 GDP 核算都采用这种分类。

在实际生产活动中，自产自用的研发产品一般不会在市场中进行交易，故通常采用成本法作为自产自用研发产品的估价方法。同时，从国外经验和中国的有关调查数据可以看出，自产自用的研发产品远多于购买的研发产品，并且目前难以获得购买研发产品的市场价格，因此，中国的研发产品价值全部采用成本法进行估价。此外，由于缺乏相关基础资料，中国研发活动的资本回报难以计算，因而按总成本法计算的研发产品价值暂不包括资本回报。

(三) 研发产出核算方法

研发活动的总产出采用总成本法计算。研发活动的总成本主要包括中间投入成本、劳动成本和固定资产成本三部分。研发产出的计算公式为

$$研发产出 = (中间投入成本 + 劳动成本) + 固定资产成本$$
$$= 日常性支出 + 固定资产折旧$$
$$= 日常性支出 + 固定资本存量 \times 折旧率$$

其中，日常性支出来源于中国研发统计调查资料，但要扣除其中的软件研发部分，因为软件产品作为另一类知识产权产品，其支出已经计入 GDP 了；固定资产折旧采用几何折旧法计算；固定资本存量按永续盘存法计算。由于中国研发支出数据起始于 1995 年，因此，1995 年以前各年的研发内部经费支出数据，根

据同期国家财政科技支出等数据推算得到。固定资本存量的计算公式为：

$$K_t = (1-\delta) K_{t-1} + I_t$$

式中，K_t 和 K_{t-1} 分别为 t 和 $t-1$ 期的固定资本存量，δ 为固定资产折旧率，I_t 为 t 期的新增固定资产。

按照永续盘存法的基本原理，式中涉及 4 个变量需要赋值或计算。一是新增固定资产（I_t）等于研发统计调查资料中的资产性支出，并且要扣除其中的土地支出和软件研发部分。二是根据研发活动所使用的固定资产的使用寿命计算固定资产折旧率（δ）。我们借鉴发达国家的经验，结合中国的实际情况，研究确定了企业和非企业的 δ。三是利用固定资产投资价格指数，将各年的现价新增固定资产数据换算成不变价数据。由于中国固定资产投资价格指数从 1990 年开始编制，以前年度用固定资本形成总额缩减指数替代。四是以有 GDP 数据的 1952 年为初始年，参考国家财政科技支出和资本性支出占比等数据确定初始资本存量。

（四）研发资本存量核算方法

当一项研发活动能为其所有者带来经济利益时，研发生产者的研发产出就等于研发使用者当年新增加的研发产品价值。因此，研发资本存量以研发产出数据为基础，按永续盘存法计算，计算公式为：

$$R_t = (1-\theta) R_{t-1} + A_t$$

式中，R_t 和 R_{t-1} 分别为 t 和 $t-1$ 期的研发资本存量，θ 为研发资产折旧率，A_t 为 t 期的新增研发产品价值。

按照永续盘存法的基本原理，式中涉及 4 个变量需要赋值或计算。一是新增研发产品价值（A_t）等于研发产出。二是借鉴发达国家的经验，结合中国的实际情况，研究确定研发资产的使用寿命，进而计算出研发资产折旧率（θ）。三是利用研发投资价格指数将各年的现价新增研发产品价值数据换算成不变价数据。研发投资价格指数为工业生产者购进价格指数、研发人员工资指数、固定资产投资价格指数的加权平均值，权重为中间投入成本、劳动成本和固定资产折旧占研发产出的比重。四是以 1952 年为初始年，参考国家财政科技支出等数据确定初始研发资本存量。

(五) 研发支出计入 GDP 核算方法

研发支出核算方法改革后,生产法 GDP 及其构成指标总产出和中间投入,收入法 GDP 及其构成指标固定资产折旧和营业盈余,支出法 GDP 及其构成指标政府消费支出和固定资本形成总额都会发生变化。这些指标的变动额主要利用研发产出和研发资本存量来计算。本文接下来比较详细地描述这些指标的变动额的计算方法。这些指标的变动额我们用"Δ"表示。

1. 企业自产自用的研发产品

研发支出核算方法改革后,企业自产自用的研发产品计入企业总产出,同时以知识产权产品的形式计入企业的固定资本形成。按照原来的核算方法,这类研发成果并没有作为本企业的产品。采用新核算方法后,这些研发成果作为本企业的产品。因此,企业总产出需要增加企业自产自用的研发产品价值;企业增加值也需要增加这部分研发产品价值,并分别计入固定资产折旧和营业盈余;企业固定资本形成总额也会相应地增加。企业上述指标的变动额可以利用公式进行表述。

(1) 生产法。

$$\Delta 总产出 = 研发产品价值$$

$$\Delta 中间投入 = 0$$

$$\Delta 增加值 = \Delta 总产出 - \Delta 中间投入 = 研发产品价值$$

上述公式表明,研发支出核算方法改革后,有自产自用研发产品的企业总产出增加了,增加的价值等于研发产品价值;企业中间投入没有发生变化;企业增加值增加了,增加的价值也等于研发产品价值。

(2) 收入法。

$$\Delta 劳动者报酬 = 0$$

$$\Delta 生产税净额 = 0$$

$$\Delta 固定资产折旧 = 研发资本存量 \times 研发折旧率$$

$$\Delta 营业盈余 = \Delta 增加值 - \Delta 固定资产折旧$$
$$= 研发产品价值 - 研发资本存量 \times 研发折旧率$$

上述公式表明,研发支出核算方法改革后,有自产自用研发产品的企业劳动者报酬和生产税净额没有发生变化;企业固定资产折旧增加了,增加的价值等于研发资产折旧;企业营业盈余发生了变化,变动的价值等于研发产品价值减去研发资产折旧。

(3) 支出法。

$$\Delta 居民消费支出 = 0$$
$$\Delta 政府消费支出 = 0$$
$$\Delta 固定资本形成总额 = 研发产品价值$$
$$\Delta 存货变动 = 0$$
$$\Delta 净出口 = 0$$

上述公式表明,研发支出核算方法改革后,在此类情况下,居民消费支出、政府消费支出、存货变动和净出口没有发生变化;固定资本形成总额增加了,增加的价值等于研发产品价值。

2. 企业购买的研发产品

无论研发支出核算方法是否改革,企业购买研发产品都不会影响其总产出。但研发支出核算方法改革后,中间投入会减少,减少的是企业购买的研发产品价值;增加值会相应地增加,并分别计入固定资产折旧和营业盈余;企业固定资本形成总额也会相应地增加。企业上述指标的变动额可以利用公式进行表述。

(1) 生产法。

$$\Delta 总产出 = 0$$
$$\Delta 中间投入 = - 研发产品价值$$
$$\Delta 增加值 = \Delta 总产出 - \Delta 中间投入$$
$$= 研发产品价值$$

上述公式表明,研发支出核算方法改革后,购买研发产品的企业总产出没有发生变化;企业中间投入减少了,减少的价值等于研发产品价值;企业增加值增加了,增加的价值等于研发产品价值。

（2）收入法。

$$\Delta 劳动者报酬 = 0$$

$$\Delta 生产税净额 = 0$$

$$\Delta 固定资产折旧 = 研发资本存量 \times 研发折旧率$$

$$\Delta 营业盈余 = \Delta 增加值 - \Delta 固定资产折旧$$

$$= 研发产品价值 - 研发资本存量 \times 研发折旧率$$

上述公式表明,研发支出核算方法改革后,购买研发产品的企业劳动者报酬和生产税净额没有发生变化;企业固定资产折旧增加了,增加的价值等于研发资产折旧;企业营业盈余发生了变化,变动的价值等于研发产品价值减去研发资产折旧。

（3）支出法。

$$\Delta 居民消费支出 = 0$$

$$\Delta 政府消费支出 = 0$$

$$\Delta 固定资本形成总额 = 研发产品价值$$

$$\Delta 存货变动 = 0$$

$$\Delta 净出口 = 0$$

上述公式表明,研发支出核算方法改革后,在此类情况下,居民消费支出、政府消费支出、存货变动和净出口没有发生变化;固定资本形成总额增加了,增加的价值等于研发产品价值。

3. 非企业单位自产自用的研发产品

对于非企业单位自产自用的研发产品,无论研发支出核算方法是否改革,其总成本都要计入相应单位的总产出。不同的是,原方法是作为非企业单位提供的公共服务的成本支出,计入政府消费支出;而新方法则是作为非企业单位自产自用的研发产品(属于知识产权产品)支出计入固定资本形成,不再计入政府消费支出。此外,按照新核算方法,非企业单位总产出需要增加研发资本存量的折旧额,并计入政府消费支出;增加值也需要增加研发资本存量的折旧额,并计入固定资产折旧;固定资本形成总额需要增加非企业单位自产自用的研发产品价值。非企业单位上述指标的变动额可以利用公式进行表述。

（1）生产法。

$$\Delta 总产出 = 研发资本存量 \times 研发折旧率$$

$$\Delta 中间投入 = 0$$

$$\Delta 增加值 = \Delta 总产出 - \Delta 中间投入$$

$$= 研发资本存量 \times 研发折旧率$$

上述公式表明，研发支出核算方法改革后，有自产自用研发产品的非企业单位总产出增加了，增加的价值等于研发资产折旧；中间投入没有发生变化；增加值增加了，增加的价值也等于研发资产折旧。

（2）收入法。

$$\Delta 劳动者报酬 = 0$$

$$\Delta 生产税净额 = 0$$

$$\Delta 固定资产折旧 = 研发资本存量 \times 研发折旧率$$

$$\Delta 营业盈余 = 0$$

上述公式表明，研发支出核算方法改革后，有自产自用研发产品的非企业单位劳动者报酬、生产税净额和营业盈余没有发生变化；固定资产折旧增加了，增加的价值等于研发资产折旧。

（3）支出法。

$$\Delta 居民消费支出 = 0$$

$$\Delta 政府消费支出 = -\Delta 固定资本形成总额 + \Delta 固定资产折旧$$

$$= -研发产品价值 + 研发资本存量 \times 研发折旧率$$

$$\Delta 固定资本形成总额 = 研发产品价值$$

$$\Delta 存货变动 = 0$$

$$\Delta 净出口 = 0$$

上述公式表明，研发支出核算方法改革后，在此类情况下，居民消费支出、存货变动和净出口没有发生变化；政府消费支出发生了变化，变动的价值等于研发资产折旧减去研发产品价值；固定资本形成总额增加了，增加的价值等于研发产品价值。

4. 非企业单位购买的研发产品

非企业单位总产出是按成本法计算的,研发支出核算方法改革后,购买研发产品的支出不再作为日常性成本支出,应从非企业单位总产出和中间投入中扣除,并且不再计入政府消费支出。但是,研发产品作为固定资产,其固定资本消耗即研发资本存量的折旧额应计入非企业单位的总产出,并计入政府消费支出。非企业单位增加值需要增加研发资本存量的折旧额,并计入固定资产折旧。固定资本形成总额需要增加非企业单位购买的研发产品价值。非企业单位上述指标的变动额可以利用公式进行表述。

(1) 生产法。

$$\Delta 总产出 = \Delta 中间投入 + \Delta 增加值$$
$$= -研发产品价值 + 研发资本存量 \times 研发折旧率$$
$$\Delta 中间投入 = -研发产品价值$$
$$\Delta 增加值 = \Delta 总产出 - \Delta 中间投入$$
$$= 研发资本存量 \times 研发折旧率$$

上述公式表明,研发支出核算方法改革后,购买研发产品的非企业单位总产出发生了变化,变动的价值等于研发资产折旧减去研发产品价值;中间投入减少了,减少的价值等于研发产品价值;增加值增加了,增加的价值等于研发资产折旧。

(2) 收入法。

$$\Delta 劳动者报酬 = 0$$
$$\Delta 生产税净额 = 0$$
$$\Delta 固定资产折旧 = 研发资本存量 \times 研发折旧率$$
$$\Delta 营业盈余 = 0$$

上述公式表明,研发支出核算方法改革后,购买研发产品的非企业单位劳动者报酬、生产税净额和营业盈余没有发生变化;固定资产折旧增加了,增加的价值等于研发资产折旧。

(3) 支出法。

$$\Delta 居民消费支出 = 0$$

$$\Delta 政府消费支出 = -\Delta 固定资本形成总额 + \Delta 固定资产折旧$$
$$= -研发产品价值 + 研发资本存量 \times 研发折旧率$$
$$\Delta 固定资本形成总额 = 研发产品价值$$
$$\Delta 存货变动 = 0$$
$$\Delta 净出口 = 0$$

上述公式表明,研发支出核算方法改革后,在此类情况下,居民消费支出、存货变动和净出口没有发生变化;政府消费支出发生了变化,变动的价值等于研发资产折旧减去研发产品价值;固定资本形成总额增加了,增加的价值等于研发产品价值。

表2.2列示了上述四种情况下生产法、收入法和支出法GDP构成指标的变动情况。

表 2.2 研发支出核算方法改革后针对不同类别研发产品的情况生产法、收入法和支出法 GDP 构成指标的变动情况

核算方法	指标变动	企业		非企业	
		自产自用	购买	自产自用	购买
生产法	总产出	研发产品价值	0	研发资本存量×研发折旧率	研发资本存量×研发折旧率－研发产品价值
	中间投入	0	－研发产品价值	0	－研发产品价值
	增加值	研发产品价值	研发产品价值	研发资本存量×研发折旧率	研发资本存量×研发折旧率
收入法	劳动者报酬	0	0	0	0
	生产税净额	0	0	0	0
	固定资产折旧	研发资本存量×研发折旧率	研发资本存量×研发折旧率	研发资本存量×研发折旧率	研发资本存量×研发折旧率
	营业盈余	研发产品价值－研发资本存量×研发折旧率	研发产品价值－研发资本存量×研发折旧率	0	0

(续表)

核算方法	指标变动	企业		非企业	
		自产自用	购买	自产自用	购买
支出法	居民消费支出	0	0	0	0
	政府消费支出	0	0	研发资本存量×研发折旧率－研发产品价值	研发资本存量×研发折旧率－研发产品价值
	固定资本形成总额	研发产品价值	研发产品价值	研发产品价值	研发产品价值
	存货变动	0	0	0	0
	净出口	0	0	0	0

上述核算指标的不变价变动额，采用价格指数缩减法计算，其中缩减指数为本文前面构建的研发投资价格指数。

上述核算指标的分行业变动额，根据相应指标的总变动额和按国民经济行业分类的研发支出占比计算。

五、研发支出核算方法改革对主要指标的影响

2016年7月，国家统计局公布了研发支出核算方法改革后GDP历史数据的修订结果。结果显示，1952年以来中国GDP总量和增速、结构发生了一些变化。

（一）GDP总量和增速的变化

研发支出核算方法改革后，中国历年GDP总量有所增加。2006—2015年，GDP总量年均增加1.06%，增加比率呈上升趋势（见表2.3）。其中，2015年GDP总量增加8798亿元，增加比率为1.30%；工业增加值增加6209亿元，增加比率为2.7%。由于历年GDP总量均有所增加，因此GDP增速变化较小。2006—2015年，GDP增速年均提高0.06个百分点。其中，2015年GDP增速提高0.04个百分点，工业增加值增速提高0.07个百分点。

表 2.3　研发支出核算方法改革后中国 GDP 总量和增速的变化

年份	GDP 总量变化（现价,亿元）	GDP 增加比率（%）	GDP 增速变化（%）
2006	1 782	0.82	0.04
2007	2 213	0.83	0.03
2008	2 764	0.87	0.03
2009	3 452	1.00	0.16
2010	4 127	1.01	0.01
2011	5 177	1.07	0.05
2012	6 244	1.17	0.11
2013	7 226	1.23	0.07
2014	8 064	1.27	0.04
2015	8 798	1.30	0.04
平均	—	1.06	0.06

(二) GDP 结构的变化

研发支出核算方法改革后,中国产业结构和需求结构有所变化。2015 年,中国三次产业比例由原来的 9.0∶40.5∶50.5,修订为 8.9∶40.9∶50.2;工业增加值占 GDP 的比重由原来的 33.8% 修订为 34.3%,提高 0.5 个百分点。2015 年,最终消费支出、资本形成总额和净出口占 GDP 的比重,由原来的 52.4%、44.1% 和 3.5% 修订为 51.6%、44.9% 和 3.5%。

六、结　语

20 世纪 90 年代以来,世界各国尤其是发达国家越来越重视研发活动,研发支出快速增加,对各国经济增长尤其对发达国家经济增长发挥了越来越大的作用,研发成果的固定资产属性越来越明显。同时,研发支出资本化核算方法逐渐成熟。针对这种情况,国民经济核算新的国际标准引入了知识产权产品概念,拓展了固定资产的边界,同时修订了 GDP 核算方法,将相应的研发支出由中间投入修订为固定资本形成计入 GDP。新的国际标准颁布后,世界主要国家纷纷响应,修订研发支出核算方法。

为了促进创新驱动发展战略和大众创业、万众创新一系列政策措施的深入贯彻实施,推动中国国民经济核算与新的国际标准接轨,国家统计局在学习借鉴发达国家经验的基础上,开展了研发支出核算方法改革。这项改革具有重要的导向和激励作用,有利于引导政府、企业、科研机构和高校加大研发投入力度,从而有利于促进中国技术进步,使之在中国经济发展、提质增效和转型升级中发挥越来越重要的驱动作用。

2008年SNA中的知识产权产品包括研究与开发、矿藏勘探与评估、计算机软件与数据库、娱乐文学和艺术品原件、其他知识产权产品。目前中国GDP核算已经把研发支出、矿藏勘探支出、计算机软件支出作为固定资本形成计入GDP。但受资料来源等方面的限制,数据库支出、娱乐文学和艺术品原件支出、其他知识产权产品支出尚未作为固定资本形成计入GDP。今后,国家统计局将进一步加大统计调查方法和GDP核算方法的改革力度,按照2008年SNA的建议,逐步把全部知识产权产品支出都作为固定资本形成计入GDP,更加全面地反映创新对经济增长的驱动作用。

参 考 文 献

[1] Eurostat. Manual on Measuring Research and Development in ESA2010[M]. Luxembourg:Eurostat Publishing,2014.

[2] OECD. Handbook on Deriving Capital Measures of Intellectual Property Products[M]. Paris:OECD Publishing,2010.

[3] 江永宏,孙凤娥. 研发支出资本化核算及对GDP和主要变量的影响[J]. 统计研究,2016(4).

[4] 江永宏. 中国R&D资本存量测算:1952—2014[J]. 数量经济技术经济研究,2016(7).

[5] 经济合作与发展组织. 弗拉斯卡蒂手册(第6版)[M]. 北京:科学技术文献出版社,2010.

[6] 联合国,欧盟委员会,经济合作与发展组织,国际货币基金组织,世界银行.国民账户体系2008[M].北京:中国统计出版社,2012.

[7] 许宪春.中国国民经济核算体系的修订与经济发展方式转变和民生改善[J].新金融评论,2015(1).

[8] 杨林涛,韩兆洲,王科欣.SNA2008下R&D支出纳入GDP的估计与影响度研究[J].统计研究,2015(11).

第三篇　居民自有住房服务价值核算方法改革研究

刘立青

居民自有住房服务核算是 GDP 核算的重要组成部分,也是居民消费支出核算的重要内容。本文讨论的居民自有住房,仅指居民自有且自住的住房。所谓居民自有住房服务,是指居民居住自有住房所产生的服务。由于没有进行实际交易,也不存在实际市场价格,所以在测算这部分住房服务的价值时需要虚拟测算。

一、居民自有住房服务的基本内涵

在国民经济核算中,住户自产自用的服务一般不包括在生产范围内,例如住户成员自己打扫卫生、做饭、照顾老人和孩子等,这些由住户自己生产、自己消费、不付酬的家庭或个人服务,是一种自给自足、非市场性的活动,对经济中其他部门的影响非常有限,没有现金流,也没有合适的市场价格对这些服务进行估计,因此不计入 GDP。而居民自有住房服务是个例外。

在国民经济核算中,作为资产记录,无论住房是房主自有的、还是在市场上租住的,它们都一定会产生住房服务,该服务都应包括在生产范围内。房主在房屋使用期内自己居住,就会产生居民自有住房服务,这种服务是一种自有住房者的自给性生产活动,其住房服务被自己消费了。也就是说,居民自有住尽管没有发生实质的租赁行为，但它提供的住房服务价值与居民租赁住房所产生的住房服务价值本质上是相同的，都等于居民为获取住房服务所应支付的租金价值。从生产角度讲，居民自有住房服务价值应记录为住房所有者所提供的住房服务总产出；从使用角度讲，居民自有住房服务价值应记录为住房所有者享受住房服务的最终消费支出。

居民自有住房服务没有进行实际交易，也不存在实际市场价格，因此需要对居民自有住房服务的价值进行虚拟估算。2008年SNA给出了虚拟估算居民自有住房服务价值的基本方法。在存在规范的住房租赁市场的条件下，居民居住的自有住房提供的住房服务价值等于在市场上租用同样大小、质量和类型的房屋所要支付的租金，因此，可以使用市场上同类服务的交易价格对自给性住房服务产出进行估计，这与一般性的对外提供货物或服务的估计方法是一致的，这种方法称为市场租金法，也是2008年SNA推荐使用的首选方法。如果一个国家或地区的住房租赁市场不发达或者找不到相应的市场租金，可以采用使用者成本法计算。目前，大部分发达国家或地区采用租金法计算，部分租赁市场不发达的国家或地区采用使用者成本法计算。

二、国际上估算居民自有住房服务价值的主要方法

2008年SNA只对居民自有住房服务价值的估算方法给出了指导性建议，并没有提供具体的核算方法，因此各国会根据本国国情采用不同的方法。总结国际劳工组织、美国经济分析局、欧盟统计局等推荐的估算方法，从本质上讲，国际上常用的估算方法分为两种：市场租金法和使用者成本法。

（一）市场租金法

市场租金法（rental equivalence approach），是指利用租用同样大小、质量和类型的房屋所支付的租金来测算居民自有住房服务价值的方法。使用这种方法，需要获得比较丰富的租金数据或者是同类住房的租金数据，因此适用于住房租赁市场比较规范、市场化程度比较高的国家或地区。根据统计调查方法和

获得等值租金的计算方法的不同,市场租金法又可分为特征回归法、分层测算法和自我评估法三种方法。

1. 特征回归法

特征回归法(hedonic regression approach)是基于 Rosen(1974)的特征价格模型,根据建筑物特征、位置、质量等因素构建回归模型,设置回归系数,获得同质房屋的等值租金。公式为:

$$Y = X\beta + u_1$$

其中,Y 代表每个月租金的对数,X 是房屋单位特征矢量,β 为房屋特征对房屋价值的估计贡献率,u_1 为随机误差项。这个模型的数据基于对承租人的样本调查,然后根据样本调查数据预测相似类型房屋的市场租金。这个模型的好处是可以区分不同房屋的租金情况,按不同的权重考虑住房的地理位置、交通状况、房主基本状况等,将这些因素都包含在模型的因变量范围内。使用该方法需要对房屋按照不同的类型做详细的分类,并根据特征值的不同设置不同的参数,需要大量的调查数据做支撑。

2. 分层测算法

分层测算法(stratification method)是将区域内住房按照所在位置、质量、大小、类型等可以影响租金大小的特征划分为不同的类型,调查每个类型中发生租赁行为所产生的真实租金,计算不同类型住房的平均租金,以此作为居民自有住房服务的单位虚拟租金。然后,利用每个类型的住房面积、人口等数据,测算居民自有住房服务价值。最后,加总获得总的居民自有住房服务价值。公式为:

$$R = r_1 \times Q_1 + r_2 \times Q_2 + r_3 \times Q_3 + \cdots$$

其中,1、2、3…为根据房屋特征划分的不同类型,r_1、r_2、r_3…代表不同类型房屋的平均单位面积租金,Q_1、Q_2、Q_3…为不同类型房屋的总住房面积。此方法的好处是可以获得不同类型房屋的平均租金,分别测算不同地域、不同类型的住房价值,结果较为准确。但所遇到的问题是,在分层和调查过程中需要大量的调查数据做支撑。

3. 自我评估法

自我评估法(self-assessment approach)模型的数据可以通过住户消费支出

调查获得。比如,如果今天将你的住房租出去,你认为每月的租金应为多少? 如果自有住房和对外出租的房屋具有相同的特征和质量,这种方法跟第一种方法相似,都是从对单个住房个体的微观数据的调查出发,获得相似特征的房屋的住房租金,然后对住房服务价值进行评估。但这种方法也存在一定的问题,一是住户出于对自己房屋的偏爱,可能会高估自有住房的租金;二是由于住户对租赁市场缺乏了解,对租金的估计可能存在偏差。

(二) 使用者成本法

使用者成本法(user cost method),是指用当期持有住房的成本减去收益来测算居民自有住房服务价值的方法,持有住房的成本包括资金成本、折旧、维修费和房产税等,收益主要指由于持有住房而抵消的通胀损失。这种方法适用于住房租赁市场不够发达或规范的国家或地区。根据资料来源与核算方法的不同,使用者成本法又可分为资本回报法和折旧法两种方法。

1. 资本回报法

资本回报法(capital market approach)假定购房者将购房资金投资购买了等额的金融资产,金融资金可以通过利息或分红等方式创造现金流,使住户获得回报。公式为:

$$R = a \times V$$

其中,R 是隐含的租金,代表购买资产的每期的资本回报;a 是贴现因子,代表利息或回报率;V 是房屋的市场价值,代表资产的存量价值。这种方法的关键就是利用资本回报率,将自有住房的价值转化为市场租金,因此资本回报率的选择对核算结果至关重要。在租房市场比较规范或者房屋租赁市场占比较大时,可以参照相似特征房屋的市场租金寻找合适的资本回报率,反之则可能会带来一系列问题。这种方法的缺点有:一是资本回报率的选择带有一定的随意性,可能会高估自有住房服务的价值;二是需要掌握全部房屋的市场价值,也就是资本的存量数据,这对有些国家来说,是比较困难的;三是对于房地产市场的价格变动不够敏感,对房屋价值的调查数据很可能依赖于房屋购买时的价格,而不是房屋的现价,因此不能准确地反映服务价值的变动情况;四是当房价上涨较快时,尤其是当房价出现泡沫时,使用房屋的当前价值可能会对房屋的虚拟租金大大高估。对于这个问题,美国劳工统计局的 Verbrugge(2008)提出了一种解决方法,就是使用房价的移动平均法来代替房屋的当前价格。

2. 折旧法

2008 年 SNA 推荐,如果一国或地区不掌握全部的资本存量数据,或者所估计的收益率存在不确定性,可能需要计算建筑成本并估计在无大修前提下该建筑物能使用多久。因为房屋不能永远存续,故需要设定房屋的存续年限,并假设有一个贴现因子,即折旧率,使得所计算的资产价值到最后会小到可以忽略不计,计算所得的固定资产折旧加上中间投入,即为居民自有住房服务的价值。计算公式为:

$$R = iD + C$$

其中,i 为折旧率,iD 为房屋的固定资产折旧,C 为中间投入。固定资产折旧应当按固定资产当期购置的市场价格进行重估后的价值计算。中间投入应包含房屋的维护维修成本、财产保险、抵押贷款产生的费用、产权保险、托管费用、律师费用等所有与住房服务相关的中间费用。该方法适用于租赁市场不发达或房价较稳定的国家和地区。但当房价上升较快、租赁市场不断发展时,使用折旧法会低估居民自有住房服务的价值。

三、代表性国家或地区的主要做法

(一) 美国居民自有住房服务价值的核算方法

目前,美国普查局采用价值回报率法(rent-to-value ratio)估算居民自有住房服务价值(Nicole,2007),即根据居民自有住房的不同特征,通过调查的租金数据设定不同的回报率,乘以住房价值,以此计算虚拟租金。此方法本质上与市场租金法中的分层测算法类似。具体操作方法如下。

普查年度:首先根据十年一次的人口普查和住户金融调查(Residential Finance Survey)获得全美的房屋存量价值;然后根据两年一次的美国住房调查(American Housing Survey,AHS)获取每平米的租金;最后通过调查的租金数据设定不同的回报率,乘以住房价值,计算普查年度的虚拟租金。对于居民自有住房服务的成本,涉及的贷款利息、财产税等数据来源于十年一次的住户金融调查,成交成本、维护维修费等来源于美国经济分析局五年一次的投入产出调查。根据这些数据,计算普查年度居民自有住房服务价值和增加值。

非普查年度:以普查年度为基准,利用两年一次的住房调查获取每平米租金、CPI、每年人口数据等,以外推的方式计算每年的虚拟租金。有关住房服务成本的数据利用相关年度或季度数据以内插值替换或者外推的方式计算。

(二)欧盟居民自有住房服务价值的核算方法

欧盟核算手册(2010)推荐使用市场租金法测算居民自有住房服务价值,具体操作方法推荐使用分层测算法。在普查年度,首先根据现有住房的位置、质量、大小、类型等可以影响租金高低的特征进行分层;进而调查租赁住房的真实租金,得出不同层次住房的平均租金;最后利用每种层次的平均租金作为估算相应层次居民自有住房服务的虚拟租金。值得注意的是,调查的住房租金是不含家具的住房租金,而且不包括调查户居住单位福利性住房或者廉租房缴纳的租金。在非普查年度,则以普查年度的数据为基准,利用其他相关指标进行外推。

根据欧盟统计局欧盟收入和生活状况调查报告(EU-SILC2,2013),欧盟统计局推荐其成员国首选市场租金法,在租房比例低于10%时,可以选择使用者成本法。部分欧盟成员国使用的核算方法如表3.1所示。

表3.1 部分欧盟成员国居民自有住房服务价值的核算方法

方法	市场租金法		使用成本法
	特征回归法	分层测算法	资本回报法
国家名称	匈牙利、波兰、葡萄牙、英国、意大利、比利时、法国、卢森堡、奥地利、荷兰	罗马尼亚、马耳他、立陶宛、保加利亚、斯洛文尼亚、西班牙、挪威、芬兰、爱尔兰、丹麦、德国	爱沙尼亚、捷克、冰岛、斯洛伐克、瑞典

以2010年的数据为例,采用使用者成本法的爱沙尼亚、捷克、斯洛伐克的

房屋租赁市场占比均小于10%,冰岛的房屋租赁市场占比为10.4%,瑞典为28.7%;在使用市场租金法的国家中,罗马尼亚、马耳他、立陶宛、保加利亚、波兰、葡萄牙、斯洛文尼亚、西班牙等的租赁市场比重均小于10%,其他国家大于10%,荷兰、丹麦和德国均达到30%以上,德国为欧盟国家里租赁比重最高的国家,2010年租赁市场占比为39.7%。从以上数据可以看出,欧盟国家在测算居民自有住房服务价值时,没有完全按照欧盟推荐的10%的标准选择测算方法;大部分国家采用市场租金法进行测算,小部分租房比例较低的国家采用使用者成本法。

四、中国现行居民自有住房服务价值核算方法及存在的问题

中国自1985年建立GDP核算起就包含了居民自有住房服务核算,并分城镇和农村两部分按使用者成本法核算。

城镇居民自有住房服务价值的核算方法是,首先利用城镇居民住房总建筑面积和房屋市场造价计算出全国城镇居民住房总市场价值,再按照房屋的使用年限设定一个适当的折旧率,计算出全国城镇居民住房的虚拟固定资本折旧。然后根据居民住房服务的相关成本(如维修维护费、物业费等),来核算自有住房服务的中间投入。两者相加,计算出城镇居民自有住房服务的总价值,也就是城镇居民自有住房服务的总产出。

农村居民自有住房服务价值的核算方法与城镇居民自有住房服务价值的核算方法相同,只是虚拟折旧率不同,且没有物业费。

可以看出,中国现行居民自有住房服务价值核算方法是使用者成本法,这是与中国国情相适应的。首先,很长时期内中国的房地产市场不发达,租金信息难以获得,相关租金的基础数据很少且质量不高;其次,中国的租房占比低,租赁市场不发达,根据欧盟等发达国家的经验,租赁占比小于10%时,推荐使用者成本法。过去使用者成本法和市场租金法核算的差距不是特别大,使用者成本法更符合当时中国的实际情况。

随着经济的迅速发展以及人口流动性的加快,中国房地产市场的扩大,尤其是城市房价的急剧提高,导致城市房屋造价与市场价值的差距越来越大,城市房屋的租赁比例不断升高,租赁价格不断提升使得用使用者成本法估算城镇居民自有住房服务价值存在明显低估。根据国家统计局住户办调查资料,2015年全国有 10.1% 的城镇居民通过在市场上公开租赁房屋解决住房问题,在比较发达的一、二线城市,比例更高。另外,随着中国统计制度和方法的不断完善,租赁住房、租赁租金等相关统计指标可获得性增强,数据质量也不断提高。可以说,中国已具备了利用市场租金法来核算城镇居民自有住房服务价值的基本条件,改革现有的城镇居民自有住房服务价值核算方法,可以更准确地反映房地产行业的发展情况,更符合国际标准,增强了与其他国家核算数据的可比性。

五、中国城镇居民自有住房服务价值核算方法改革研究

(一) 改革的必要性

从当前房地产市场的发展现状和现行统计调查数据看,中国已经具备使用市场租金法核算城镇居民自有住房服务价值的基本条件,改革的时机已经成熟。一方面,用市场租金法核算居民自有住房服务价值是发达国家普遍采用的核算方法,理论上能更准确地反映自有住房服务的价值,更好地体现自有住房服务价值的内涵。另一方面,核算方法的改进也会使中国 GDP 核算方法更加国际化和标准化,便于国际比较。

改革中国城镇居民自有住房服务价值核算方法,较好的选择是采用 2008 年 SNA 推荐的市场租金法,并且采用其中的自我评估法,这也是国际上较为常用的方法。但是,由于中国农村房地产市场发展相对滞后,房屋出租率非常低,且房屋价值较为稳定,因此适宜继续采用使用者成本法核算。基于此,以下居民自有住房服务价值核算方法改革仅限于城镇居民自有住房服务价值。

（二）改革后的核算方法

根据现有的统计调查资料，采用市场租金法核算城镇居民自有住房服务价值的方法如下。

1. 生产法增加值

城镇居民自有住房服务总产出＝单位面积市场租金
　　　　　　　　　　　　　×城镇居民自有住房面积

城镇居民自有住房面积＝城镇居民人均住房建筑面积
　　　　　　　　　　×城镇居民年平均人口数
　　　　　　　　　　×城镇居民自有自住房比重

中间投入＝维护修理费＋管理费
　　　　＝（人均维修维护费＋人均管理费）×城镇居民年平均人口数
　　　　　×城镇居民自有自住房比重

城镇居民自有住房服务增加值＝城镇居民自有住房服务总产出－中间投入

2. 收入法增加值

城镇居民自有住房服务收入法增加值由固定资产折旧和营业盈余两部分组成，其中的固定资产折旧采用虚拟方法计算。

虚拟折旧＝［（城镇居民人均住房建筑面积×城镇居民年平均人口数
　　　　　×城镇住宅单位面积造价）×城镇居民自有自住房比重］
　　　　×折旧率

城镇住宅单位面积造价＝当年新竣工房屋价值÷当年新竣工房屋面积

城镇居民自有住房服务营业盈余＝城镇居民自有住房服务增加值
　　　　　　　　　　　　　　－城镇居民自有住房服务固定资产折旧

在上述计算过程中，单位面积市场租金、城镇居民人均住房建筑面积、人均维修维护费和人均管理费以及城镇居民自有住房比重来源于住户调查资料；当年新竣工房屋价值和当年新竣工房屋面积来源于房地产调查资料；城镇居民年平均人口数来源于人口调查资料。

(三) 对相关核算数据的影响

改革城镇居民自有住房服务价值核算方法将对以下几方面的核算数据产生影响。

对生产法 GDP 数据的影响。中国生产法 GDP 核算以《国民经济行业分类 (GB/T 4754—2011)》为标准,分行业计算增加值。按照该行业分类标准,中国的居民自有住房服务属于"房地产业"中的"自有房地产经营活动"的一部分。居民自有住房服务价值相当于该行业的总产出,扣除中间投入后,为该行业增加值。因此,改革城镇居民自有住房服务价值核算方法,会改变房地产业增加值,从而影响全国 GDP 总量数据,同时,也会影响房地产业增加值占 GDP 的比重,影响第三产业增加值占 GDP 的比重。

对收入法 GDP 数据的影响。采用使用者成本法核算居民自有住房服务价值,增加值仅包含固定资产折旧,劳动者报酬、生产税净额和营业盈余均为零。采用市场租金法核算,扣除中间投入和固定资产折旧后,其净租金部分,应计入营业盈余,劳动者报酬和生产税净额为零。

对支出法 GDP 数据的影响。支出法 GDP 包括最终消费支出、资本形成总额、货物和服务净出口。居民自有住房服务价值属于最终消费支出中的居民消费支出部分。因此,改革城镇居民自有住房服务价值核算方法,会改变居民消费支出和最终消费支出数据,从而影响支出法 GDP 数据,同时,也会影响居民消费支出和最终消费支出占 GDP 的比重。

对住户部门收入分配数据的影响。资金流量表反映按机构部门分类的收入分配和使用情况,按机构部门划分,居民自有住房服务增加值应计入住户部门增加值,住户部门的初次分配收入和可支配收入均受住户部门增加值的影响。因此,改革城镇居民自有住房服务价值核算方法,将会影响住户部门的初次分配收入和可支配收入数据,同时,也会影响居民可支配收入占国民可支配收入的比重。

参 考 文 献

[1] Eurostat, European Commission. European System of Accounts-ESA. 2010, 2013.

[2] Frick Joachim R., Grabka Markus M., Smeeding Timothy M., etc. Distributional Effects of Imputed Rents in Five European Countries. Journal of Housing Economics, 2010.

[3] Nicole Mayerhauser, Marshall Reinsdorf. Housing Services in the National Economic Accounts. BEA, 2007.

[4] Population and Social Conditions Collection: Methodologies & Working papers © European Union. The Distributional Impact of Imputed Rent in EU-SILC 2007—2010 Theme, 2013.

[5] Rosen S. Hedonic Prices and Implicit Markets. Journal of Political Economy, 1974.

[6] The United Nations, IMF, etc. System of National Accounts 2008 [M]. The United Nations, 2009.

[7] Verbrugge R. The Puzzling Divergence of Rents and User Costs, 1980—2004. Review of Income and Wealth, 2008.

[8] 国家统计局国民经济核算司.中国第二次经济普查年度国内生产总值核算方法(2008年).2011.

[9] 许宪春.中国GDP核算与现行SNA的GDP核算之间的若干差异[J].经济研究,2001(11).

[10] 许宪春.中国服务业核算及其存在的问题研究[J].统计研究,2004(7).

[11] 许宪春.中国国民经济核算体系的修订与经济发展方式转变和民生改善[J].新金融评论,2015(1).

[12] 住户办.住户收支与生活状况调查调查员手册.2013.

第四篇　金融业核算方法改革研究

吕　峰　董　森　刘立青

金融业是国民经济中的重要行业,其活动特点同其他行业相比有很大不同,核算方法也与其他行业有很大不同。长期以来,金融业核算方法问题,特别是间接测算的金融中介服务(FISIM)核算方法等问题,一直是国民经济核算领域的热点和难点问题。本文梳理了 2008 年 SNA 在金融业核算方法方面的主要修订内容,介绍了中国现行金融业核算方法,提出了改革中国金融业核算方法的一些建议。

一、2008 年 SNA 关于金融业核算方法的修订

(一) FISIM 核算方法的改进

2008 年 SNA 改进了间接测算的金融中介服务(FISIM)的核算方法,主要包括以下几点。

1. 核算范围的改变

在 1993 年 SNA 中,与 FISIM 相关的资金仅包含与中介资金有关的贷款和存款,不包括金融机构自有资金的贷款。2008 年 SNA 建议,FISIM 的核算范围要包括所有的贷款和存款,既包含与中介资金有关的贷款和存款,也包括来自金融机构自有资金的贷款。

2. 计算方法的改变

在 1993 年 SNA 中,FISIM 等于应收财产收入和应付利息之差。2008 年

SNA 改进了 FISIM 的计算方法，建议采用参考利率法。其中，参考利率应当不包含任何服务成分，并且能反映贷款和存款的风险与到期日结构。通行的银行间拆借利率是参考利率的一个可供考虑的选择。然而，如果不同的贷款和存款的计值货币不同，则可能需要针对不同币种使用不同的参考利率，尤其是在涉及非常驻金融机构的时候。对于同一经济体内的银行，当一家银行向其他银行提供贷款或从其他银行借款时，一般不含任何服务成分。

3. 分摊方法的改变

2008 年 SNA 中 FISIM 的分摊方法继续沿袭 1993 年 SNA 的方法，即 FISIM 的消费要在用户（既可能是贷款人也可能是借款人）之间进行分摊，分摊的数额或者作为中间消耗，或者作为最终消费支出或出口。1993 年 SNA 承认在实践中可能很难找到一种在不同用户之间分摊 FISIM 的方法，因而认可某些国家宁愿沿用传统方法（即将所有的服务全部作为一个名义产业部门的中间消耗）的做法，但是 2008 年 SNA 完全否定了这一方法。

（二）中央银行产出核算方法的改进

2008 年 SNA 将中央银行的服务分为三大类，即货币政策服务、金融中介服务和一些临界情形。货币政策服务本质上是服务于整个社会的公共性服务，因此是非市场服务。金融中介服务是在利率没有受到政策干预的情况下，中央银行承担的本质上具有个体性的服务，被视为市场服务。某些临界情形，例如监管服务，既可以划分为市场服务也可以划分为非市场服务，这主要取决于是否存在足以弥补服务成本的直接收费。但 2008 年 SNA 并没有明确指出中央银行服务的不同类别分别包括哪些具体业务活动。

1. 非市场产出的计算

中央银行免费提供的非市场产出的价值按以下生产成本之和核算：① 中间消耗；② 雇员报酬；③ 固定资本消耗；④ 其他生产税（减生产补贴）。2008 年 SNA 规定，中央银行只要能够作为一个独立的机构单位，就应该始终属于金融机构部门，而不是一般政府部门。非市场产出的价值应作为中央银行对一般政府部门的经常转移和政府消费支出。

2. 市场产出的计算

金融中介服务是中央银行市场产出的重要组成部分,与其他金融中介机构一样,也可分为直接收费和间接测算两部分。直接收费的金融中介服务产出可以按照收取的费用计算,并无特殊之处。但中央银行具有代表政府管理金融活动,并制定和执行货币政策的特殊职责,因此其提供金融中介服务的方式与一般的金融机构又有很大不同,间接测算的金融中介服务产出有时会受到中央银行对利率进行政策干预的影响。2008 年 SNA 规定,如果中央银行用其特殊权力迫使市场参与者付出无直接回报的转移支付,则应将此收益记录为隐含税;相反,如果中央银行明显出于政策原因而不是商业原因给市场参与者以支付,则可将其视为隐含补贴。2008 年 SNA 列举了产生隐含税和隐含补贴的三种情形:① 中央银行可以为存款准备金制定一个低于市场水平的利率;② 当货币面临贬值威胁时,央行会支付高于市场水平的利率;③ 央行执行如发展银行一样的职能,向优先发展产业提供低息贷款。如果央行利率和商业银行利率不一致,那么按参考利率计算的利息流量与按央行设定之实际利率计算的利息流量之间的差异,就不应记录为间接测算的金融中介服务的市场产出,而是应如刚才所说明的那样处理为隐含税和补贴。

如果中央银行所提供的金融中介服务非常重要,并且有可能也有必要为提供这些服务的基层单位编制独立的账户,那么这些服务就应该记录为服务接受单位的应付项。若监管服务的产出被视为市场产出,则按同样方式记录。

3. 临界情形

中央银行频繁地从事监督金融公司的监管服务。从造福社会的角度来看,监管服务是公共服务,其产出应作为非市场产出记录为政府消费支出。然而,也有观点认为,政府监管的服务对象是金融中介机构,因为这些服务有助于金融机构的正常运作和业绩的提升,根据这个逻辑,金融监管服务不是公共服务,其产出应作为市场产出记录为金融中介机构的中间消耗。即使由于金融监管服务是收费服务而采纳这种观点,但如果央行收取的费用不足以弥补其监管成本,那么该项服务就应作为非市场产出,记入政府消费支出。

(三) 与金融资产和负债获得与处置相关的金融服务的产出核算方法的改进

尽管 2008 年 SNA 没有明确提出新型金融服务活动的概念,但详细阐述了与金融市场上金融资产和负债获得与处置相关的金融服务的产出核算方法。而后者正反映了新型金融服务活动的特点,也是 2008 年 SNA 相对于 1993 年 SNA 的一个较明显的变化。

2008 年 SNA 认为,金融机构给所销售的债务性证券(票据和债券等能够产生利息的金融资产)定价时包含了服务费。金融机构在销售债务性证券时,其要价包含了证券的市场估值和服务加价两部分;而金融机构在购买(或者说赎回)债务性证券时,其出价也包含了服务费因素,债务持有人实际收到的金额等于证券市场估值减去服务加价之后的差值。为了避免在计算服务加价时包含持有收益和损失,2008 年 SNA 建议用中间价来计算销售和购买加价,因此,购买证券的加价就是购买时要价和中间价之差,销售证券的加价就是销售时的中间价与出价之差。对于股票或投资基金来说,虽然它们产生的财产收入是红利而不是利息,与债务性证券有所区别,但就其销售和购买活动来说,也存在销售价格与购买价格不相同的情况,这一点与债务性证券是一样的。因此,股票和投资基金购买及销售活动的处理方法与债务性证券一样,买价和中间价之差以及中间价和卖价之差应作为金融服务的产出。

(四) 非寿险服务产出核算方法的改进

在 1993 年 SNA 中,非寿险服务产出等于实收保费加上追加保费再减去到期索赔,对于大多数年份而言,或者说在正常风险情况下,用这种方法计算的非寿险服务产出没有问题,但是在发生巨大灾难、产生巨额保险赔付的年份,非寿险服务的产出会出现剧烈下降,甚至出现负值,而在这些年份,保险公司做出巨额赔付时,显示出保险在应对风险方面的巨大作用。在这种情况下,负的产出与人们对保险活动的直观认识严重不符,另外从概念上来讲,人们也不可能去购买"负"的服务。

鉴于上述情况,2008 年 SNA 对非寿险服务产出的计算方法做了改进,提出在计算非寿险服务产出时,不再使用到期索赔,而是使用调整后已生索赔,以避免实际索赔数额巨大带来的非寿险服务产出的大幅波动,即:

$$非寿险服务产出 = 实收保费 + 追加保费 - 调整后已生索赔$$

显然,这里最关键的是如何计算调整后已生索赔。2008 年 SNA 主要给出了两种方法,即期望法和会计法[①]。

1. 期望法

期望法是一种事前方法,即以保险公司过去的赔付模式为基础建立模型,并据此估计期望已生索赔,作为调整后的已生索赔。使用期望已生索赔来代替实际值,其主要目的并不仅仅在于平滑数据,而且有着深刻的经济含义。保险公司在设定非寿险保单的保费水平时,会提前将预期的投资收入和索赔额考虑在内,而不是在事后根据实际的投资收入和索赔额再调整保费。通常来说,保险公司会使得保费收入再加上预期的投资收入,减去预期的索赔支付后,还能留有一部分毛利。这一部分毛利实际上就代表了非寿险服务活动的价值。事实上,期望法就是模仿了保险公司设定保费水平的这种思路,来确定非寿险活动产出。

2. 会计法

会计法是指利用保险公司的会计信息推算调整后已生索赔的一种方法。在保险公司的会计账户中,有一个项目称为"平准准备金",它是保险公司为应对预期之外的大额索赔而预留的资金。不同于事前的期望法,会计法实际上是一种事后调整的方法。在这种方法中,调整后已生索赔等于实际已生索赔加上平准准备金的变动。在平准准备金不足以使调整后已生索赔回到正常水平的情况下,保险公司就必须动用部分自有资金。

在会计法中,非寿险服务产出计算公式为:

$$\begin{aligned}非寿险服务产出 &= 实收保费 + 追加保费 - 调整后已生索赔\\&= 实收保费 + 追加保费 - (实际已生索赔\\&\quad + 平准准备金的变动)\end{aligned}$$

[①] 事实上,2008 年 SNA 在第 17 章还提到了第三种方法"成本法",但同时也提及"这种方法(成本法)和期望法几乎没有区别",因此本文不再赘述这种方法。

在发生巨额索赔的情况下,平准准备金会减少,以弥补常规赔付额的不足,同时也对实际赔付额的波动起到了平滑作用。

二、中国现行金融业核算方法

(一) 核算范围和核算分类

中国的金融业由四个行业大类组成,分别是货币金融服务、资本市场服务、保险业和其他金融业。其中,货币金融服务包括中央银行服务、货币银行服务、非货币银行服务和银行监管服务。资本市场服务由证券市场服务、期货市场服务、证券期货监管服务、资本投资服务和其他资本市场服务组成。保险业包括人身保险、财产保险、再保险、养老金、保险经纪与代理服务、保险监管服务和其他保险活动。其他金融业包括金融信托与管理服务、控股公司服务、非金融机构支付服务、金融信息服务和其他未列明金融业。金融业核算范围包括所有从事上述行业的法人企业、非企业法人单位和产业活动单位。金融业总产出和增加值分上述四个行业大类分别核算。

(二) 现价核算方法

金融业总产出是指金融机构对其提供的金融服务的收费,可能是直接收费,也可能是隐性收费,其中隐性收费需要间接测算。

货币金融服务总产出是指金融机构从事融资及其辅助服务所获得的收入,包括直接收费和间接收费服务。总产出等于直接收费的货币金融服务产出加上间接计算的银行中介服务产出。直接收费的货币金融服务产出即为实际服务收入,等于手续费及佣金收入加其他业务收入,其他业务收入包括金融机构证券买卖业务等收入。间接计算的银行中介服务(FISIM)产出等于银行从事存款活动从存款者获得的间接收入与银行从事贷款活动从借款者获得的间接收入之和。在参考利率法下,存款者获得的利息与参考利率下应该得到的利息之差,就是银行从事存款活动获得的间接收入。借款者付出的利息与参考利率

下核算的利息之差,就是银行从事贷款活动获得的间接收入。核算公式为:

间接计算的银行中介服务产出＝银行从事存款活动从存款者获得的间接收入＋银行从事贷款活动从借款者获得的间接收入

其中:

银行从事存款活动从存款者获得的间接收入＝金融机构存款年平均余额×参考利率－存款实际利息支出

银行从事贷款活动从借款者获得的间接收入＝贷款实际利息收入－金融机构贷款年平均余额×参考利率

参考利率是一种介于存贷款利率之间的利率,反映的是不包括风险和手续费的借贷成本。2008年SNA推荐使用银行间借贷利率来代表参考利率。由于目前在中国金融市场很难找到与存贷款期限相匹配的银行间借贷利率,同时也为了简便起见,实际操作中通过基于账面价值的利率来核算参考利率。

$$参考利率＝(存款利率＋贷款利率－风险费率)÷2$$

其中,存贷款利率利用存贷款的实际利息支出除以存贷款的年平均余额获得,风险费率等于中国银行业的不良贷款率。

资本市场服务总产出指从事资本市场等服务活动所获得的直接收入,包括证券公司、基金公司和期货公司的总产出,包括营业收入和金融机构缴纳的证券交易印花税,但要扣减投资收益和公允价值变动净收入。

保险业总产出是指保险企业提供保险服务所获得的收入,跟货币金融服务类似,保险企业对其提供的保险服务除少数直接收费外,一般也不单独收费,而是隐含体现在保费收入和赔付支出的差异上,需要间接计算。保险业总产出等于已赚保费加上投资收益,再减去赔付支出净额、未决赔款准备金的增加、寿险责任准备金的增加、长期健康险责任准备金的增加等项目,同1993年SNA推荐的方法是一致的。

其他金融业的总产出等于利息净收入、手续费收入和其他业务收入等之和。

(三) 不变价核算方法

金融业不变价增加值采用价格指数缩减与物量指数外推相结合的方法核算。

货币金融服务采用价格指数缩减法核算不变价增加值,缩减指数利用同业拆借利率指数和消费投资价格指数加权核算。其中,消费投资价格指数是利用居民消费价格指数与固定资产投资价格指数的加权平均获得的。权数是最终消费支出和固定资本形成总额占两者之和的比重。这种计算方法的基本考虑是货币金融服务业提供服务的价格变动与整个国民经济的一般价格水平变动基本一致。由于最终消费支出和固定资本形成总额之和在GDP中占绝大比重,居民消费价格指数和固定资产投资价格指数又分别与这两个指标相对应,因此可以认为,通过上述方法构造出来的这两个价格指数的加权平均指数大体上能够反映整个国民经济的一般价格水平变动。其缩减指数计算公式为:

货币金融服务缩减指数=[(金融机构往来收入-金融机构往来支出)÷货币金融服务总产出]×同业拆借利率指数+{[货币金融服务总产出-(金融机构往来收入-金融机构往来支出)]÷货币金融服务总产出}×消费投资价格指数

同业拆借利率指数=银行间同业拆借利率指数

消费投资价格指数=居民消费价格指数×[最终消费支出÷(最终消费支出+固定资本形成总额)]+固定资产投资价格指数×[固定资本形成总额÷(最终消费支出+固定资本形成总额)]

资本市场服务采用物量指数外推法核算不变价增加值,物量指数采用股票成交量指数。

保险业采用价格指数缩减法核算不变价增加值,缩减指数计算公式为:

保险业缩减指数=(投资收益÷保险业总产出)×资本市场服务业缩减指数+[(保险业总产出-投资收益)÷保险业总产出]×消费投资价格指数

其他金融业采用价格指数缩减法核算不变价增加值,缩减指数为货币金融服务业的缩减指数。

三、中国金融业核算方法改革研究

(一) FISIM 核算

中国目前的 FISIM 核算主要存在两方面的问题：一是 FISIM 的分摊问题；二是 FISIM 的不变价核算问题。

在 FISIM 的分摊方面，目前中国主要采用按存贷款总额的比例进行分摊，这种方法没有反映存贷款在 FISIM 提供中的差异性，也没有对存款者服务和借款者服务分别测算，难以反映各种存贷款在期限长短、服务频率、风险大小等方面的内部差异，而这些差异是衡量金融机构提供中介服务多少的重要因素。理想的方式是按照种类、期限、对象等标准区分存款和贷款，分细类对 FISIM 进行分摊，但这有赖于详细的基础数据的支撑。

在 FISIM 的不变价核算方面，目前采用单缩法，缩减指数是消费投资价格指数和同业拆借利率指数的加权平均数。虽然目前缩减指数的计算方法引入了利率的变化，但主要还是基于消费和投资价格指数，如前所述，这种方法隐含的一个前提假设就是，金融中介服务活动的价格水平变动与整个国民经济总体价格水平变动是基本一致的。显然，这样严格的前提假设与现实情况是否符合很值得怀疑。理想方式是对 FISIM 中的每一个细项选择合适的价格指数进行缩减，但在实际核算过程中，又很难找到一个可以直接观测到的、有代表性的价格指数。在这种情况下，目前部分发达国家在金融业不变价核算中采用的物量指标法是可供参考的一种思路。

物量指标法是指对每一笔存贷款业务建立物量指标，包括银行账户数、存贷款数额、支票数、转账数、信用卡办理数、住房贷款数等。然后将每笔业务的收费或成本价值作为权重，来获得跟存贷款相关的物量指标。但是这种方法也存在明显的缺点：一是需要大量的基础数据，且需要区分每个数据的不同属性，但在实际统计中很难获得这些数据；二是一笔存贷款业务往往涉及许多活动，比如可能会同时涉及支票结算、ATM 机服务、分期付款等活动，如果仅用一个物量指标，就可能反映不够全面，但如果用多个指标进行加权，相关权重又不好确认。如何完善 FISIM 的不变价核算方法，尚需要在实际工作中不断研究探索。

(二) 中央银行服务产出核算

在中国，作为银行业产出的一部分，中央银行的产出并没有单独测算，因而其现行的计算方法也没有特殊之处。中央银行所属的执行企业会计制度的法人单位产出计算方法与其他金融企业一样，分为间接测算的金融中介服务产出和直接收费的服务产出；中央银行所属的执行行政事业会计制度的法人单位产出则采用成本法。与 2008 年 SNA 的建议相比，现行方法区分了中央银行的市场产出和非市场产出，但其依据是会计制度类型，而不是活动性质。FISIM 产出的计算采用 2008 年 SNA 推荐的参考利率法，但没有考虑中央银行干预利率的情形。

1. 市场产出和非市场产出的区分

根据《中华人民共和国中国人民银行法》的规定，中国人民银行是中华人民共和国的中央银行，并履行十三项主要职责，涵盖了制定和执行货币政策、防范和化解金融风险及维护金融稳定等几大功能。但由于缺乏足够详细的基础财务资料和中央银行职能的特殊性，完全根据服务活动的性质区分中央银行服务的市场产出和非市场产出在操作上存在较大困难。《中国人民银行会计基本制度》第二条规定：人民银行所属企业、事业单位、社会团体和其他组织办理会计事务，执行国家相关的会计制度。因此，可以继续沿用现行方法，认为执行企业会计制度的单位提供市场产出，其他类型的单位提供非市场产出。随着中国市场化改革的不断推进，以及中国人民银行财务制度的进一步规范和完善，可以积极尝试按照 2008 年 SNA 推荐的方法划分其产出。

2. FISIM 产出考虑利率干预的情形

目前，中国计算 FISIM 产出所利用的金融机构本外币信贷收支数据的范围包括了中国人民银行、银行业存款类金融机构、信托投资公司、金融租赁公司和汽车金融公司的各项存贷款。

贷款方面，中国人民银行再贷款的业务对象非常多元化，且规模巨大。根据中国人民银行公开发布的数据,其对金融机构的再贷款利率与同业拆借利率相差不大,同时由于缺少再贷款不同期限结构的详细数据,可以暂不考虑隐含税收或补贴。而一些地方政府承诺还款的再贷款和特定领域再贷款的利率则可能包含政策因素(如支农再贷款等,贷款利率相比其他类型的再贷款会有一定的优惠),但由于目前缺乏相关数据资料而无法测算。

存款方面,中国对准备金存款支付利率,但利率水平明显低于同业拆借利率,因此在存款方面,央行对金融机构会有一个隐含税收。另外,中国对法定存款准备金和超额准备金支付不同的利率,需要分别考虑。由于中国参考利率的计算采用基于账面价值的计算方法,若考虑隐含税收,则计算得到的存款利率会上升,从而参考利率会变大,不仅中央银行的FISIM会受到影响,其他金融中介机构的FISIM同样会受到影响。

(三)新型金融服务业态核算

新型金融服务业态区别于传统的银行、证券、保险等金融业态,类别多样,各类活动的经营特点也很不同,这使得新型金融服务业的总产出和增加值计算存在一定的难度。随着时间的推移,很多早期出现的新型金融服务活动趋于成熟,逐渐纳入常规统计,因此可以根据详细财务资料采用收入法核算。而对于新出现的尚未纳入常规统计范围的新型金融活动,其总产出和增加值核算是新型金融服务业态核算中的难点问题。

互联网金融等还未纳入常规统计范围的新型金融活动具有创立时间短、企业规模小、发展迅猛、运营模式复杂、短期内未盈利等特点,准确核算其总产出和增加值有一定难度。考虑到这些企业的性质是以营利为主要目的,并且在今后有可能获得较大的服务回报,即投资收益和股权红利等,因此即使短期内其营业收入不足以覆盖其成本,也可以按照市场性生产活动来核算其总产出和增加值。

我们尝试利用2008年SNA推荐的方法来核算其总产出和增加值,即将其总产出分为两部分:一是直接收费部分,二是间接收费部分。对于直接收费的部分比较容易核算,包括广告收入和直接收取的服务费等。对于间接收费部分的核算则较为复杂,根据2008年SNA的指导性建议,服务费用和投资收入流量都可能与获取和处置金融资产和负债结合在一起,需要区分出其中的隐性收费。与股权和投资基金收益相关的服务费用被认定为金融机构卖出价与中间价、买入价与中间价之差。这部分收费需要做显性化处理,计入企业的总产出,不能将所有与股权和投资基金相关的收益全部作为投资收入。这些企业的增加值可按收入法计算,但要考虑其隐性收入。

此外,红利和股权转让收入等投资收入,按照2008年SNA的规定,不形成总产出和增加值。其中,因拥有企业股权而分配到的红利,在会计上记为投资收益,属于财产收入;股权转让后的增值部分,在会计上也记为投资收益,但它不属于财产收入,而是"股权"这笔金融资产获得的持有收益。

应该指出的是,上述关于新型金融服务企业的核算方法还处于研究探索阶段,有些问题还需要进一步研究清楚。例如,怎样确定与股权和投资基金的购买价和出售价相关的中间价,特别是当收取一定份额的股权作为服务费时的中间价如何确定。

(四) 非寿险服务产出核算

目前,中国非寿险服务产出核算中最大的问题是未按照2008年SNA的建议对索赔数据进行平滑调整。

调整和平滑索赔数据,是2008年SNA非寿险服务产出计算方法的关键改进之处。目前,中国的保险业核算仍采用1993年SNA的方法,未对非寿险的索赔数据进行平滑调整。在常规年份,这种方法没有太大问题,但在发生巨灾的年份,这种方法有可能会造成数据的大幅波动。

以中国财产险数据为例(见表4.1),2005年以来,大部分年份的财产险赔付率(即赔付支出与保费收入之间的比率)都在0.51和0.55之间,较为平稳,但2008年的赔付率明显高于其他年份,达到了0.61,而且该年份赔付支出的增速也明显高于其他年份,达到了39.0%,其中主要原因是该年发生了汶川大地震。由此可见,在巨灾年份非寿险活动的数据波动确实比较大,不宜于直接用于产出计算。

表 4.1　2005 年以来财产险经营情况

年份	保费收入		赔付支出		赔付率
	绝对额（亿元）	增速（%）	绝对额（亿元）	增速（%）	
2005	1 230	12.8	672	18.4	0.55
2006	1 509	22.7	796	18.5	0.53
2007	1 998	32.4	1 020	28.2	0.51
2008	2 337	17.0	1 418	39.0	0.61
2009	2 876	23.1	1 576	11.1	0.55
2010	3 896	35.5	1 756	11.4	0.45
2011	4 618	18.5	2 187	24.5	0.47
2012	5 331	15.4	2 816	28.8	0.53
2013	6 212	16.5	3 439	22.1	0.55
2014	7 203	16.0	3 788	10.2	0.53
2015	7 995	11.0	4 194	10.7	0.52

资料来源：中国保监会网站。

中国是一个自然灾害多发的国家，因此采用 2008 年 SNA 推荐的新方法计算非寿险服务产出在中国显得尤为必要。即使有的灾害对全国数据影响不大，但有可能对部分地区的数据产生重大影响。此外，保险业是金融业中的一个大类行业，保险业数据的异动会影响到整个金融业门类，可能影响人们对金融业整体发展情况的判断，特别是在目前分行业 GDP 数据中不单独发表保险业数据的状况下，这种情况发生的可能性就更大了。因此，不管是从国家层面还是从地区层面，都有必要采用新的方法计算非寿险服务产出。

参 考 文 献

[1] Adriaan M. Bloem, Cor Gorter, Lisbeth Rivas. Output of Central Banks[DB/OL]. Paper presented at Fourth Meeting of the Advisory Expert Group on National Accounts 30 January-8 February 2006, Frankfurt.

[2] Edvardsson, B., Gustafsson, A., M. D. Johnson, et al. New Service Development and Innovation in the New Economy [DB/OL]. Lund: Stu-

dentliteratur,2000.

[3] European Commission. The European Observatory for SMEs Sixth Report [DB/OL]. Luxembourg: Office for Official Publications of the European Communities, 2000.

[4] Howells, J. Innovation & Services: New Conceptual Frameworks [DB/OL]. University of Manchester, CRIC discussion paper no 38, 2000.

[5] IMF. Monetary and Financial Statistics: Compilation Guide [DB/OL]. IMF,2008.

[6] Jeroen P. J. de Jong, et al. Organizing Successful New Service Development: A Literature Review [DB/OL]. EIM and SCALES,2003.

[7] The United Nations, IMF, etc. System of National Accounts 2008 [M]. The United Nations,2009.

[8] Toru Ohmori. Measurement and Allocation of Central Bank Service Output-insight into Current Issues and Problems for the 1993 SNA rev. 1 [DB/OL]. 2004.

[9] UNSD, European Central Bank's Directorate-General Statistics, Financial Production, Flows and Stocks in the System of National Accounts (Draft)[DB/OL]. http://unstats. un. org.

[10] 曹小艳. 中央银行产出和分配核算问题探析[J]. 统计教育,2008(7).

[11] 陈梦根. 2008SNA 对金融核算的发展及尚存议题分析[J]. 财贸经济,2011(11).

[12] 高春亮. 生产者服务业概念、特征与区位[J]. 上海经济研究,2005(11).

[13] 蒋萍. 核算制度缺陷、统计方法偏颇与经济总量失实[M]. 北京:中国统计出版社,2011(1).

[14] 蒋萍,贾小爱. FISIM 核算方法的演进与研究进展[J]. 统计研究,2012(8).

[15] 蒋萍,刘丹丹,王勇. SNA 研究的最新进展:中心框架、卫星账户和扩

展研究[J].统计研究,2013(3).

[16] 潘海岚.中国现代服务业发展研究[M].北京:中国财政经济出版社,2008.

[17] 汪洋.中国人民银行再贷款:功能演变与前景探讨[J].广东金融学院学报,2009(1).

[18] 王元京:新型服务业的判定标准[J],《经济研究参考》,2003(10).

[19] 吴汉嵩.中国新兴服务业发展的战略对策服务经济的战略对策[J].产业经济,2008(5).

[20] 许宪春.中国国民经济核算的新发展和SNA修订的挑战[J].统计与信息论坛,2007(1).

第五篇　支出法国内生产总值核算方法改革研究

吴　优

支出法国内生产总值是指从最终使用的角度计算一个国家(或地区)一定时期内生产活动最终成果的一种方法,由最终消费支出、资本形成总额、货物和服务净出口三部分组成。其中,最终消费支出包括政府消费支出和居民消费支出,资本形成总额包括固定资本形成总额和存货变动,货物和服务净出口是指货物和服务出口减货物和服务进口的差额。

自中国1993年正式开展支出法国内生产总值核算工作以来,尽管在实践中对核算制度方法进行了多次修订,但仍存在一些明显不足,需要进一步改进和完善。为了更加准确地核算支出法GDP数据,真实地反映消费、投资、净出口三大需求的总量规模、结构和增长速度状况,国家统计局依据新的国民经济核算国际标准(2008年SNA),结合中国基础数据的实际情况,开展了大量的改革支出法GDP核算探索工作。本文总结多年实践经验,系统梳理了当前和今后一段时期支出法GDP核算改革的主要措施。

一、居民消费支出核算方法改进研究

居民消费支出是指常住居民在一定时期内对货物和服务的最终消费支出,包括以货币形式购买的货物和服务支出、以实物收入方式获得的货物和服务消费、自产自用的货物价值、银行中介服务支出、保险服务支出、自有住房服务支出等。居民消费支出分为城镇居民消费支出和农村居民消费支出。居民消费支出的总量规模和增长速度是反映中国内需增长动力、居民生活水平状况的重要指标。

（一）核算分类的变化

2013年，国家统计局为了建立规范、统一的居民消费支出分类框架，提高居民消费支出数据的可比性，依据联合国制定的《按目的划分的个人消费分类》（COICOP）规定和原则，制定并公布了《居民消费支出分类》（2013）标准。在全国第三次经济普查年度(2013年)居民消费支出核算正式采用了这一分类标准（见表5.1）。

表 5.1 居民消费支出分类

原分类	新分类
1. 食品支出	1. 食品烟酒支出
2. 衣着支出	2. 衣着支出
3. 居住支出	3. 居住支出
4. 家庭设备、用品及服务支出	租赁房房租支出
5. 医疗保健支出	住房维修及管理支出
6. 交通和通信支出	水电燃料及其他支出
7. 文教娱乐用品及服务支出	自有住房服务虚拟支出
8. 银行中介服务支出	4. 生活用品及服务支出
9. 保险服务支出	生活用品和家庭设备维修费支出
10. 自有住房服务支出	购买化妆品支出
11. 实物消费	家政服务支出
12. 其他商品及服务支出	5. 交通和通信支出
	购买汽车支出
	电信服务支出
	其他交通和通信支出
	6. 教育文化和娱乐支出
	出国留学费用支出
	其他教育文化和娱乐支出

(续表)

原分类	新分类
	7. 医疗保健支出
	居民个人支付的药品和诊疗费
	社保基金为城乡居民支付的药费及诊疗费
	商业健康保险机构赔付居民的医疗保险支出
	8. 银行中介服务支出
	直接付费的银行服务支出
	间接计算的银行中介服务支出
	9. 保险服务支出
	10. 其他用品及服务支出
	购买金银珠宝首饰支出
	旅馆住宿、美容美发洗浴、殡葬等服务支出
	其他用品及服务

与原分类相比，新居民消费支出核算分类主要有以下变化。

1. 新分类类别的变化

居民消费支出核算原分类为 12 个类别，新分类减少为 10 个类别。主要是根据国际标准和城乡住户一体化收支调查制度，居民自有住房服务支出一般归入居住类核算，居民实物消费支出已在食品烟酒类、衣着类、生活用品及服务类等中计入，因此居民消费支出核算新分类中将居民自有住房服务支出归入居住支出类，取消实物消费这一类别，不再将这两项作为单独核算类别。

2. 新分类名称的变化

根据联合国制定的《按目的划分的个人消费分类》(COICOP)标准，新的居民消费支出核算分类将原来的"食品支出"修改为"食品烟酒支出"，将"家庭设备、用品及服务支出"修改为"生活用品及服务支出"，将"文教娱乐用品及服务支出"修改为"教育文化和娱乐支出"，将"其他商品及服务支出"修改为"其他用品及服务支出"。

3. 新分类的项目更加细化

新的居民消费支出核算分类在 10 个大的类别下，还对其中的一些类别做了进一步细分类：一是将居住支出细化为租赁房房租支出、住房维修及管理支出、水电燃料及其他支出、自有住房服务虚拟支出四个核算类别；二是将生活用品及服务支出细化为生活用品和家庭设备维修费支出、购买化妆品支出、家政服务支出三个类别；三是将交通和通信支出细化为购买汽车支出、电信服务支出、其他交通和通信支出三个类别；四是将教育文化和娱乐支出细化为出国留学费用支出和其他教育文化和娱乐支出两个类别；五是将医疗保健支出细化为居民个人支付的药品和诊疗费、社保基金为城乡居民支付的药费及诊疗费、商业健康保险机构赔付居民的医疗保险支出三个类别；六是将银行中介服务支出细化为直接付费的银行服务支出、间接计算的银行中介服务支出两个类别；七是将居民其他用品及服务支出细化为购买金银珠宝首饰支出，旅馆住宿、美容美发洗浴、殡葬支出等服务支出，其他用品及服务支出三个类别。

4. 新分类使同居民消费支出有关的统计、核算分类实现统一

新的居民消费支出分类覆盖了居民消费支出的各个方面，作为统一规范的框架，能够满足国民经济核算、城乡住户调查、居民消费价格调查的需要，有利于准确、清晰、客观地反映中国居民消费支出水平和结构状况。

（二）资料来源的变化

第三次全国经济普查前，中国居民消费支出主要是根据城乡住户调查资料计算。由于使用的基础资料比较单一，在住户调查中高收入户不愿意配合、样本代表性不够、调查系统性偏低的情况下，必然会造成居民消费支出数据偏小，不能反映居民消费支出的实际情况。为此，经认真调查研究，国家统计局对居民消费支出中生活用品及服务、交通电信、教育、医疗保健、其他用品和服务等居民消费支出资料来源进行了较大改进。将原来居民消费支出核算主要使用住户调查资料，修改为以住户调查资料为基础，综合利用有关行政记录、货物和服务的生产和销售资料进行计算。

（1）汽车消费。利用汽车行业协会轿车销售量、海关民用汽车进出口数量、公安部门私人用车情况等资料计算居民汽车消费支出数据。

（2）高档商品消费。利用金银首饰、化妆品销售数据，调整住户调查的居

民购买金银首饰、化妆品支出数据。

（3）家政服务消费。利用家政行业协会调查统计资料计算家政服务消费数据。

（4）电信消费。利用工信部、中国联通、中国移动、中国邮政相关资料,计算居民通信消费。

（5）教育消费。利用教育部、留学机构留学人员、留学费用等资料,计算居民境外留学费用。

（6）医疗卫生消费。利用人社部、卫健委医疗卫生社保资料,计算居民社保医疗卫生消费。

（7）其他服务消费（主要包括美容美发洗浴、婚姻、殡葬服务等）。利用生产法国内生产总值核算中有关"居民服务、修理和其他服务业"细分类资料,计算居民其他服务消费。

（三）核算方法的改进

核算方法的改进主要是改进城镇居民自有住房服务价值的核算方法。在居民消费支出核算中,居民居住自己拥有的房屋要计算住房服务价值。根据国民经济核算规定,居民自有住房消费支出应按市场上类似的住宅所需租金进行核算,即用虚拟的自有住房租金计算自有住房服务消费支出,在没有按市场价格计算的住宅租金的情况下,应按住房成本价即当期自有住房发生的维修支出、物业管理费、房屋固定资产折旧等核算,其中房屋固定资产折旧是利用房屋建造成本与折旧率计算,这也是借鉴了加拿大统计局的方法和经验。近年来,随着中国房地产市场的快速发展,房价和租金上涨都很快,按房屋建造成本计算的房屋固定资产折旧会低估居民自有住房服务价值。为此,生产法和支出法国内生产总值都要对现行的核算方法进行改进,主要是利用城镇居民房屋租金、住房面积以及人口统计等数据资料,采用国际上广泛实行的市场租金法计算城镇居民自有住房服务价值。目前,这项工作正在研究、试算过程之中。

二、政府消费支出核算方法改进研究

政府消费支出是指政府部门为全社会提供的公共服务支出和为居民（个人）提供的货物和服务支出。其中，公共服务支出包括国家安全和国防、行政管理、制定法律规章、维护社会秩序和环境保护等方面的支出，它等于政府服务的产出价值减去政府机构有偿提供服务所获收入的差额。居民（个人）货物和服务支出等于政府部门免费或以没有显著经济意义的价格向居民提供的货物和服务市场价值减去向居民收取的费用，主要包括政府针对医疗卫生、教育、文化娱乐和社会保障等方面的支出。

政府消费支出是最终消费支出的重要组成部分，是反映政府消费需求对经济影响状况的重要指标。近几年来，政府消费支出核算的口径范围和核算方法发生了一系列变化。

（一）核算口径和范围的变化

政府消费支出核算口径的变化主要是由政府负担、用于城乡居民医疗卫生的支出从原来的居民消费支出调整为政府消费支出。第三次全国经济普查年度前，由政府负担、用于城乡居民医疗卫生的支出计入居民消费支出，主要包括中央财政和地方财政为机关事业单位职工支付的公费医疗、为城镇职工和居民补助补贴的医疗卫生资金、为农村居民支付的新农合资金。现根据 2008 年 SNA 规定，将由政府负担、用于城乡居民医疗卫生的经费支出从原来的居民消费支出调整为政府消费支出，并根据财政支出决算资料、人社部社保基金资料、卫健委新农合经费支出资料进行计算。

政府消费支出核算范围的变化主要是增加国防费经常性支出内容。国防经费支出中有一部分支出是人员经费、办公经费等经常性支出，属于政府消费支出，但以往政府消费支出核算未对这部分国防费经常性支出进行核算，目前利用财政部国防经费支出资料，增加了此项内容。

(二) 核算方法的改进

政府消费支出核算方法的改进主要是对不变价政府消费支出核算方法进行了改进。原不变价政府消费支出核算对现价政府消费支出分两部分进行缩减,即工资福利性支出、商品和服务性支出利用居民消费价格指数缩减,固定资产折旧利用固定资产投资价格指数缩减。这种方法存在价格指数与政府消费支出项目不相匹配的问题,主要是因为将居民消费价格指数作为政府工资福利性支出的价格指数是不合理的,它不能真正地反映政府部门工资福利性支出价格水平的实际变动情况。

经研究,不变价政府消费支出核算把现价政府消费支出分为三个部分分别缩减,即工资福利用工资率指数缩减,商品和服务支出用CPI缩减,固定资产折旧用固定资产投资价格指数缩减。其中工资率指数计算方法为:

$$政府部门职工工资率指数 = \frac{当年政府部门职工人均基本工资支出}{上年政府部门职工人均基本工资支出}$$

$$政府部门职工人均基本工资支出 = \frac{本年基本工资总支出}{本年年末实有职工人数}$$

政府部门职工工资率指数主要是利用财政部行政事业单位年度决算资料计算。通过采用政府部门职工工资率指数缩减工资福利性支出这一新核算方法后,政府消费支出中工资福利性支出的价格变化与缩减指数更加匹配,其实际增长变化更加符合实际。

三、固定资本形成总额核算方法改进研究

固定资本形成总额指常住单位在一定时期内获得的固定资产减处置的固定资产的价值总额。固定资产是通过生产活动生产出来的且其使用年限在一年以上的资产,不包括自然资产、耐用消费品、小型工器具。固定资本形成总额按购买者价格计算,并在所有权发生变化时记录。核算内容主要包括住宅,非住宅建筑物,机器和设备,知识产权产品中的研发支出、计算机软件、矿藏勘探费、娱乐文学艺术品原件,新增役、种、奶、毛及娱乐用牲畜和新增经济林木价值

等培育性资产,非生产资产所有权转移费用等。目前由于资料来源困难,暂不对娱乐文学艺术品原件、培育性资产、非生产资产所有权转移费用进行核算。

固定资本形成总额反映了一定时期内生产活动的最终成果用于形成生产性非金融资产的规模和比重,是分析研究投资拉动经济增长情况的重要指标。近年来,固定资本形成总额的核算范围和分类发生了一系列变化。

(一) 核算范围的变化

固定资本形成总额核算范围的变化主要包括以下三个方面。

一是将研发支出纳入固定资本形成总额。研发支出是指为了增加知识储备并利用这种知识储备开发新的应用而系统性地从事创造性工作支出的价值。根据 2008 年 SNA 规定,应将能够给所有者带来经济利益的研发支出作为固定资本形成总额计入支出法国内生产总值。

近年来,中国研发活动日益增多,对经济发展的作用越来越大,其资本属性也越来越明显。另外,随着中国研发经费统计调查制度的建立和不断完善,也为开展研发支出核算方法改革提供了较丰富的基础资料,因此有必要在广泛搜集企业、高校以及政府部门的研发支出统计资料的基础上,依据 2008 年 SNA,将研发支出作为固定资本形成计入国内生产总值。2016 年,国家统计局实施了研发支出核算方法改革,将能为所有者带来经济利益的研发支出由原来作为中间消耗处理修订作为固定资本形成处理,进而计入 GDP,并据此修订了 1952 年以来的 GDP 历史数据。

二是将军事武器系统投资纳入固定资本形成总额。根据 2008 年 SNA 规定,武器系统如军舰、潜艇、军用飞机、坦克、导弹运载工具和发射架等设施应计入固定资本形成总额。目前支出法国内生产总值核算中已利用财政部国防经费支出资料,将军事武器系统投资计入固定资本形成总额,扩大了固定资本形成总额核算范围。

三是补充规模以下的固定资产投资。根据固定资产投资统计制度的变化,将原来补充 50 万元以下建设项目的固定资产投资调整为补充 500 万元以下建设项目的固定资产投资。由于这部分建设项目的投资未包括在固定资产投资统计中,为了不使固定资本形成总额出现遗漏缺失,在利用固定资产投资数据计算固定资本形成总额时,要补充 500 万元以下建设项目的固定资产投资。

(二) 核算分类的变化

2008 年 SNA 关于固定资本形成总额的分类标准是① 住宅;② 其他建筑和构筑物:非住宅建筑,其他构筑物,土地改良;③ 机器和设备;④ 武器系统;⑤ 培育性生物资源;⑥ 非生产资产所有权转移费用;⑦ 知识产权产品:研究与开发,矿藏勘探和评估,计算机软件和数据库,娱乐、文学或艺术品原件,其他知识产权产品。受基础资料缺口的影响,中国原有支出法国内生产总值核算未按国际标准对固定资本形成总额进行细分类,只有一个总额指标,既不符合国民经济核算国际分类标准的要求,也不能适应宏观经济管理和制定相关政策的需要。经认真研究、参照 2008 年 SNA 关于固定资本形成总额的分类标准和加拿大核算分类标准以及现有数据资料的可获得性,国家统计局将中国固定资本形成总额分类进行了改进,细分为以下 8 项类别:① 住宅;② 非住宅建筑物;③ 土地改良支出;④ 机器和设备(包括武器系统);⑤ 研发支出;⑥ 矿藏勘探费;⑦ 计算机软件;⑧ 其他。对固定资本形成总额进行细分类后,一方面可以更加清晰地反映固定资本形成总额的结构状况,更好地分析判断固定资本形成总额中不同构成部分对经济增长的影响和拉动作用;另一方面也有利于对固定资本形成总额进行分项不变价核算,提高了不变价固定资本形成总额核算数据的准确性。

四、存货变动核算方法改进研究

存货变动指常住单位按市场价格计算的存货变化的价值,即期末价值减期初价值的差额,其中不包括核算期内由于价格变动而产生的持有损益。存货包括生产单位购进尚未使用的原材料、燃料、储备物资,生产但尚未销售的产成品、在制品和半成品、待出售的商品等。近些年,存货变动的核算范围和资料来源发生了一系列变化。

（一）扩大了核算范围

存货变动核算范围的扩大主要是利用第二、第三次经济普查资料，增加了服务业企业的存货变动核算，即增加了房地产业，信息传输、软件和信息技术服务业，租赁和商务服务业，科学研究和技术服务业，水利、环境和公共设施管理业，居民服务、修理和其他服务业，教育，卫生和社会工作，文化、体育和娱乐业等行业的存货变动核算内容，而以往没有对这些服务行业存货变动进行核算。

（二）拓展了资料来源

经与财政部、国资委沟通，获得了国有企业存货基础资料；经与国家统计局工业司协商，获得了工业司可比口径的规模以上工业存货基础资料。新的资料来源更具稳定性和可比性，减少了估算成分。

五、货物和服务净出口核算方法改进研究

货物和服务净出口是指货物和服务出口减货物和服务进口的差额。出口包括常住单位向非常住单位出售或无偿转让的各种货物和服务的价值，进口包括常住单位从非常住单位购买或无偿得到的各种货物和服务的价值。货物和服务净出口是反映对外经济贸易往来、宏观经济运行中外需状况的重要指标。

（一）核算分类的变化

货物和服务净出口是依据国家外汇管理局编制的《国际收支平衡表》中的货物和服务进出口数据核算的，而《国际收支平衡表》则是按照国际货币基金组织的《国际收支手册》编制的。2009年国际货币基金组织发布了第六版《国际收支手册》，从2015年开始，国家外汇管理局按照第六版《国际收支手册》的标准编制和公布国际收支平衡表数据。

与此前国际收支平衡表中货物和服务进出口分类项目相比，此次最重要的

变化是将加工贸易由货物贸易调整为服务贸易,转手买卖则由服务贸易调整为货物贸易,且都只记录净额增值部分;货物修理由货物贸易调整至服务贸易。货物和服务进出口分类项目的调整,会使货物出口、进口及差额、服务进出口及差额发生变化,但货物和服务净出口总额不变。

货物和服务净出口核算从 2015 年开始已采用国家外汇管理局按照第六版《国际收支手册》编制和公布的国际收支平衡表数据,完全按照国际收支平衡表中新分类的货物和服务进出口资料核算货物和服务出口、进口、差额的现价和不变价数据。

(二)不变价核算方法的改进

不变价货物和服务净出口等于按不变价计算的货物和服务出口减去按不变价计算的货物和服务进口后的差额。不变价货物和服务出口、不变价货物和服务进口要分别利用相应的价格指数按缩减法计算。其中,出口和进口货物价格指数采用海关总署编制的出口和进口商品价格指数,服务出口价格指数采用中国居民消费价格指数中的服务项目价格指数,服务进口价格指数参考美国、欧盟等发达国家和地区的服务出口价格指数。

在中国货物进出口价格指数和服务进口价格指数是按美元编制的情况下,计算不变价的货物与服务净出口时要剔除美元汇率变动的影响,即要采用基年与核算年度人民币对美元汇率的变化指数进行处理,而出口服务价格指数是中国居民消费价格指数中的服务项目价格指数,不存在汇率变动问题,因此不需要做剔除汇率影响的处理。

六、实际最终消费核算方法改进研究

在国民经济核算中,实际最终消费是指居民、政府、为住户服务的非营利机构实际获得的货物和服务的最终消费。与最终消费支出相比,实际最终消费更能真实地反映居民、政府、为住户服务的非营利机构实际消费水平,也是客观地分析研究宏观收入分配状况的重要依据。

(一) 实际最终消费的基本规定

1. 实际最终消费的概念

实际最终消费是指不同消费主体最终获得、享用的货物和服务消费。依据2008年SNA和经济活动中的消费主体,实际最终消费分为居民实际最终消费、政府实际最终消费和为住户服务的非营利机构实际最终消费。

居民实际最终消费指常住住户实际获得的用于消费的货物和服务价值,它等于居民自身承担的消费性货物和服务支出加上政府部门和为住户服务的非营利机构以实物社会转移形式向居民提供的消费性货物和服务。居民自身承担的消费性货物和服务支出是居民消费支出。居民实际最终消费一般会大于居民消费支出。

政府实际最终消费指政府部门向全社会提供的公共服务的价值,它等于政府消费支出减去以实物社会转移形式向居民提供的消费性货物和服务。政府消费支出是指由政府部门承担的、为公共服务和居民服务的消费性货物和服务支出。政府实际最终消费一般会小于政府消费支出。

为住户服务的非营利机构实际最终消费指为住户服务的非营利机构向全社会提供的公共服务价值,它等于其自身最终消费支出减去以实物社会转移形式向居民提供的消费性货物和服务。为住户服务的非营利机构实际最终消费一般也会小于为住户服务的非营利机构最终消费支出。由于中国国民经济核算没有把为住户服务的非营利机构作为独立的机构部门来处理,因而暂没有对为住户服务的非营利机构的最终消费支出和实际最终消费进行核算。

对一个经济总体来说,最终消费支出与实际最终消费在总量上是相等的,只是将政府部门和为住户服务的非营利机构部门对居民的实物社会转移在政府部门、为住户服务的非营利机构部门与居民之间进行了相互转换。

2. 实物社会转移

实物社会转移是从最终消费支出转换到实际最终消费的关键指标。2008年SNA规定,实物社会转移是指政府和为住户服务的非营利机构免费或以没有显著经济意义的价格向居民提供消费性货物和服务而承担的费用支出,它包括两个部分：一是政府和为住户服务的非营利机构免费或以没有显著经济意义的价格提供给居民的非市场产出，如政府提供的义务教育服务；二是政府和为住户服务的非营利机构从市场生产者手中购买然后再免费或以没有显著经济意义的价格提供给居民的消费性货物和服务，如政府通过社会保险计划采购药品提供给居民。

（二）2008年SNA关于实际最终消费核算的分类和方法

实际最终消费核算的基本思路是，首先要划分政府消费支出中的公共服务消费支出和为居民服务的消费支出类别，然后计算政府消费支出中为居民服务的消费支出，即实物社会转移，再分别计算居民实际最终消费和政府实际最终消费。实物社会转移是计算实际最终消费的核心指标。

1. 政府消费支出中的公共服务消费支出和为居民服务的消费支出类别

2008年SNA规定：划分政府消费支出中的公共服务消费支出和为居民服务的消费支出的主要依据是国际货币基金组织《政府财政统计手册》中的"政府功能"分类，将政府消费支出划分为十个大类：① 一般公共服务；② 国防；③ 公共秩序和安全；④ 经济事务；⑤ 环境保护；⑥ 住房和公共设施；⑦ 医疗保健；⑧ 娱乐文化和宗教；⑨ 教育；⑩ 社会保护。以上十个分类中，①至⑥项属于政府公共服务消费支出，⑦至⑩项属于政府为居民服务的消费支出，即政府消费支出中只有用于医疗保健、娱乐文化和宗教、教育、社会保护这四类支出属于实物社会转移核算的范畴。

2008年SNA还规定，政府在医疗保健、娱乐文化和宗教、教育、社会保护这四类为居民服务的消费支出中，如果是政府政策的制定与实施、对生产及社会活动进行管理和监督等支出，那么也应归入公共服务消费支出，不属于为居民服务的消费支出。比如，国家卫健委、教育部、文化部等国家行政机关用于政策、标准和规章条例制定与实施等事务的支出属于公共服务消费支出。但政府用于各类医院、大中小学或类似机构的管理或运转活动有关的所有费用支出则应计入为居民服务的消费支出。

2. 实物社会转移计算方法

计算实物社会转移就是计算政府消费支出中用于上述四类为居民服务的

支出，即政府消费支出中的医疗保健、娱乐文化和宗教、教育、社会保护等为居民服务的消费支出。计算公式为：

医疗保健实物社会转移＝政府用于医疗产品支出＋政府用于药品、保健用品服务支出＋政府用于门诊服务支出＋政府用于住院服务支出

娱乐文化和宗教实物社会转移＝政府用于娱乐服务支出＋政府用于文化服务支出＋政府用于宗教服务支出

教育实物社会转移＝政府用于普通教育支出＋政府用于职业教育支出＋政府用于特殊教育支出＋政府用于其他教育服务支出

社会保护实物社会转移＝政府用于疾病和残疾人员、老龄人、遗属、家庭和儿童、失业人员等各种补贴＋政府用于住房补助支出

居民实际最终消费＝居民消费支出＋政府消费支出中为居民服务的消费支出（四项实物社会转移）

即：

居民实际最终消费＝居民消费支出＋政府用于居民的医疗保健服务、娱乐文化和宗教类服务、教育服务、社会保护服务四项消费支出（四项实物社会转移）

政府实际最终消费＝政府消费支出－政府消费支出中为居民服务的消费支出（四项实物社会转移）

即：

政府实际最终消费＝政府消费支出－政府用于居民的医疗保健服务、娱乐文化和宗教类服务、教育服务、社会保护服务四项消费支出（四项实物社会转移）

（三）中国实际最终消费的核算方法

1. 核算分类

按照2008年SNA的基本规定和要求，根据中国现行的财政支出统计资料，中国实物社会转移分为医疗卫生、教育、文化体育与传媒、社会保障和就业四大类。中国政府在医疗卫生类的实物社会转移主要是用于机关事业单位职

工公费医疗支出、对城镇职工和居民医疗费补助补贴支出和农村居民新农合支出,用于公立医院、社区和基层医疗卫生机构、疾病预防控制和公共卫生(妇幼保健、农村卫生)、人口计划生育等对居民服务的支出;政府在教育类的实物社会转移主要是用于普通教育、职业教育、成人教育、留学教育、特殊教育和其他教育等对居民服务的支出;政府在文化体育与传媒类的实物社会转移主要是用于人民群众文化娱乐、体育、广播影视的服务支出;政府在社会保障和就业类的实物社会转移主要是用于社会福利、城镇居民生活救济、残疾人事业、自然灾害生活救助、保障性住房等对居民服务的支出。

2. 核算方法

中国实际最终消费核算方法的基本思路是,按照 2008 年 SNA 的基本原则和规定,首先将政府消费支出划分为公共服务消费支出和为居民服务的消费支出——医疗卫生、教育、文化体育与传媒、社会保障和就业四类消费支出,利用财政部公共财政支出和行政事业单位决算明细资料,计算出政府部门的医疗卫生、教育、文化体育与传媒、社会保障和就业等四大类实物社会转移,再计算居民实际最终消费和政府实际最终消费。

3. 实际最终消费对其他相关核算指标的影响

实际最终消费对其他相关核算指标的影响主要表现在两个方面。

一是对居民消费率、政府消费率的影响。将政府部门对居民的实物社会转移计入居民实际最终消费后,居民消费率将提高,政府消费率会降低,居民实际最终消费和政府实际最终消费在实际最终消费中的比重与居民消费支出和政府消费支出在最终消费支出中的比重发生了变化。但对一个经济总体来说,由于最终消费支出与实际最终消费在总量上是相等的,因而最终消费率不会发生变化。

二是对居民和政府可支配收入的影响。在资金流量表中居民和政府可支配收入核算的基础上,居民可支配收入加上从政府部门得到的实物社会转移,政府可支配收入减去应付的实物社会转移,就形成了调整后的居民和政府可支配收入。经过实物社会转移的调整,会使居民调整后可支配收入占国民可支配收入的比重提高,政府调整后可支配收入占国民可支配收入的比重下降,由此可以更真实全面地反映居民收入水平,体现政府在提高社会福利、改善民生方面发挥的作用。

参 考 文 献

[1] 国家统计局国民经济核算司.经济普查年度支出法国内生产总值核算方案.2013.

[2] 联合国等.国民账户体系1993[M].北京:中国统计出版社,1995.

[3] 联合国,欧盟委员会,经济合作与发展组织,国际货币基金组织,世界银行.国民账户体系2008[M].北京:中国统计出版社,2012.

[4] 许宪春.中国国民经济核算体系改革与发展[M].北京:经济科学出版社,1999.

第六篇　不变价国内生产总值核算方法改革研究

郑学工

经济增长率是分析经济形势、研究经济问题的重要指标,是政府开展宏观经济调控的重要依据,也是企业进行微观决策的重要参考。经济增长率是用不变价 GDP 增长率定义的,开展不变价 GDP 核算方法研究,就是要研究如何通过科学的方法,剔除现价 GDP 中的价格因素,以保证不同时期数据的可比性,从而准确地计算经济增长率,反映经济的实际变动。本文从不变价 GDP 核算的基本方法出发,在深入研究一些发达国家实践经验的基础上,梳理中国现行的核算方法及存在的问题,并提出中国不变价 GDP 核算的改进思路。

一、不变价国内生产总值核算的基本方法及比较研究

(一) 不变价国内生产总值核算的基本方法

不变价国内生产总值,也称实际国内生产总值,是按某一固定时期价格计算的国内生产总值。不变价 GDP 核算与现价 GDP 核算在性质和作用上有较大差异:现价核算是按照核算期现行价格来计算国内生产总值,用以反映经济的规模和结构;不变价核算是按某一固定时期的价格来计算国内生产总值,用以反映经济的实际(物量)变化情况。因此,不变价核算通常是在现价核算的基础上,采用适当的方法区分价值变化中的价格变化和物量变化。具体的核算方

法有以下几种。

1. 价格指数缩减法

价格指数缩减法(deflation,简称缩减法)是利用现价价值量等于物量值乘以价格指数这样一个关系,用价格指数对现价价值量进行缩减,也就是用现价价值量除以价格指数,最后求出物量值。根据缩减的对象和途径,缩减法又分为单指标缩减法(简称单缩法)和双指标缩减法(简称双缩法)。

单缩法是指直接利用价格指数缩减当期现价增加值,求得当期不变价增加值。采用单缩法的隐含假定是总产出和中间投入的价格变化幅度相同。一般来说,单缩法所利用的价格指数是与总产出相对应的生产者价格指数或消费价格指数的相关项,但也经常利用工资率指数等与投入相关联的价格指数进行替代。

双缩法是分别利用产出价格指数和中间投入价格指数缩减当期现价总产出和中间投入,得出不变价总产出和中间投入,以不变价总产出减去不变价中间投入,得到不变价增加值。实践中,使用双缩法的国家在计算不变价中间投入时通常在供给使用框架下进行。尽管各国在细节上有所不同,但对投入的货物和服务进行缩减时所使用的方法基本一致。对中间投入的缩减都是在细分类的水平上进行的,并区分了国内生产的商品和进口商品。

2. 物量外推法

物量外推法(quantity extrapolation,简称外推法)是在基年价值量的基础上,外推出按照基年价格计算的报告期的物量值,也就是不变价数据。具体的方法是:先求出物量的相对数 q_{it}/q_{i0},即第 i 个产品(或行业)在报告期 t 的物量与在基年 0 的物量的比值,再乘以基年的价值量,推导出报告期的物量值。外推法也要尽量建立在产品或行业细分类的基础上,物量指标对产出或投入的覆盖面要全,并且要对质量变化做适当调整。很多国家对这种方法进行改进后,用于计算工业和服务业生产指数。

外推法也包括单指标外推法(简称单外推法)和双指标外推法(简称双外推法)。单外推法是指假定总产出和中间投入的物量变化幅度相同,即增加值率保持不变,利用物量指数乘以基期增加值,求得当期不变价增加值。根据所采用的物量指数的不同,单外推法又可以分为产出关联指数外推和投入关联指数外推。双外推法就是分别利用产出物量指数和中间投入物量指数乘以基期的总产出和中间投入,求得当期不变价总产出和不变价中间投入,两者之差即为当期不变价增加值。

3. 外推缩减法

外推缩减法也属于双指标法,是利用对应产出的物量指数外推基年总产出,用价格指数缩减现价中间投入,然后二者相减得到不变价增加值(理论上也可以反过来,但通常不采用)。外推缩减法作为外推法和缩减法的融合,其不变价总产出和不变价中间投入的计算方法也分别与外推法和缩减法相同。

4. 直接基年估价法

直接基年估价法(direct base year valuation,也称基年价格估价法),是把产品价格固定在某一时期或时点,在一段较长的时期内作为计算不变价的固定价格,用报告期的数量乘以基年的固定价格,得到不变价的数据。直接基年估价法被大多数国家用于农产品和为自己最终消费使用而生产的产品。

(二) 几种核算方法的比较研究

通过研究不变价 GDP 核算理论和具体实践,我们发现,从理论上讲各种方法虽有优劣之分,但在实践中却要根据基础数据的情况灵活选用核算方法。下面我们从理论到实践对各种核算方法及价格指数做一比较。

1. 缩减法与外推法

一般而言,缩减法要优于外推法,特别是对于市场性服务。这主要是由于两个方面的原因。一是价格调查比同等样本量的数量调查更具代表性。因为不同生产者生产的同一种货物或服务产品价格不会差别太大,但数量却可能有显著差异,并且一种产品在短时间内价格的变动幅度通常要小于其数量的变动幅度,另外,价格信息比物量信息更容易收集和汇总,因为所有价格都是以共同单位表示的,而表示物量的单位却很多。二是缩减法能够较好地反映货物和服务在质量上的变化。价格指数通常是按某种固定的一篮子产品方法编制,所比较的货物或服务的质量在两个时期内保持不变,可以反映纯粹的价格变化;而使用物量指数对质量变化的调整比较困难,除非可以掌握同质产品非常详细的信息。此外,在编制价格指数时考虑了新产品和消失产品所引起的质量变化,因而缩减法能够比较恰当地反映有关货物或服务的物量变化,而外推法则不能。

也应看到,缩减法对价格指数的准确性、覆盖面和详细程度等要求较高,而外推法可以在找不到合适的价格指数或缺少现价数据的情况下,起到直接计算不变价数据的作用,特别是对于非市场性服务,这也是外推法在实践中优于缩减法的地方。实践证明,单外推法在很多行业常优于单缩法,主要是由于单外推法的隐含假定在实际情况下更为合理,因为短期内产品的生产工艺一般是固定的,因而产出量和投入量的比率(或增加值率)也是相对稳定的,而总产出和中间投入的价格变动往往并不一致。

2. 单指标与双指标

从理论上讲,不管是外推法还是缩减法,双指标都要优于单指标,主要是由于它考虑了产出和投入两个方面的因素,并以余项计算出不变价增加值,这与增加值的定义是相符的。因此,双缩法被认为是所有方法中最理想的不变价核算方法。但是,其前提就是要有较好的产出和投入的现价数据,价格指数应尽量合理,否则也会影响到不变价核算的结果。在实践中,当价格或物量数据质量不高时,特别是当中间投入占总产出的比重很大时,由于双指标法求出的不变价增加值的误差是产出指标和投入指标的误差合计,因而采用双指标法可能会造成不变价增加值的计算结果不稳定,需要考虑采用单指标法。

3. 生产者价格指数与消费价格指数

从理论上讲,生产者价格指数要优于消费价格指数,因为生产者价格指数直接度量货物和服务产出的价格,而消费价格指数主要针对最终消费的货物和服务。如果要用消费价格指数缩减产出,就一定要考虑产出中住户消费所占的份额,以及该组产品中中间使用与最终使用之间在价格变化和构成方面的差异。另外,消费价格指数是以购买者价格而不是基本价格来度量价格变化的,如果用其缩减产出,就要考虑贸易和运输加价的变化以及产品税率和补贴率的变化,并做相应调整。但是,如果一项服务在消费者和生产者之间没有任何媒介，消费价格指数及其细分类就可以作为生产者价格指数的替代。

4. 直接基年估价法

与缩减法和外推法相比，直接基年估价法很直观且简便易行，是拉氏（Laspeyres）定基物量指数最基本的形式，根据产品产量和价格就可以直接计算总产出。同时，由于各年产品的价格都是相同的，基年和权重都固定在一个年份，因而不同年份的不变价数据可以直接相加，便于进行物量和价格因素的分析。但是，这种方法也存在较大的局限性，一般只能用于农业或采矿业，因为这些行业的产品以标准的数量单位交易，并且具有同质性，价格也较易观测，但这些条件并不适用于服务行业。在价格变动较大、产品更新较快的情况下，要编制繁多的不变价标准目录投入的工作量会很大，选取的代表品或规格品很难适应产品更新换代的要求，固定的权重也不能及时反映价格和物量的变化。因此，很少有国家采用这种方法计算不变价服务业增加值。

二、国际上不变价国内生产总值核算的主要做法

（一）OECD 成员核算方法的最新进展

由于世界各国十分关注经济增长，因而各国普遍加强了不变价 GDP 核算的研究和改进工作。按照 SNA 的基本原则，经过多年努力，OECD 成员均选用了适于本国的不变价 GDP 核算方法。

1. 分行业不变价增加值核算方法

我们选取了部分 OECD 成员[①]，在研究各国不变价增加值核算主要特点的基础上，按行业对发达国家普遍采用的计算方法进行了梳理。为了便于进行国际比较，我们将国外所采用的国际标准行业分类（ISIC4）转换为中国的国民经济行业分类（GB/T4754—2011）。OECD 成员常用的计算方法以及主要的价格指数[②]和物量指数如下。

---

① 这些成员包括美国、日本、德国、英国、法国、意大利、加拿大、奥地利、比利时、丹麦、芬兰、冰岛、爱尔兰、卢森堡、荷兰、挪威、葡萄牙、西班牙、瑞典、瑞士、土耳其、澳大利亚和新西兰。

② 对于双缩法，由于缩减中间投入的价格指数较为复杂，因此本文仅介绍缩减总产出的价格指数。

（1）农林牧渔业：各国通常采用的是混合法，即对总产出采用缩减法，常用的价格指数是农、林、牧、渔产品销售价格指数；对中间投入采用物量外推法。对于自己消费的部分，利用同样产品的市场价格来计算。

（2）工业：各国通常采用的是双缩法，常用的价格指数是工业生产者价格指数，少数国家在部分行业采用消费价格指数或投入成本价格指数。

（3）建筑业：各国采用最多的是单缩法，常用的价格指数是投入成本价格指数；其次为双缩法，常用的价格指数是建筑业生产者价格指数。

（4）批发业和零售业：各国采用最多的是双缩法，常用的价格指数是产出隐含价格指数[①]、消费价格指数（零售价格指数）、生产者价格指数（批发价格指数）；其次为产出关联指数外推法，常用的物量指数是经上述某种价格指数缩减的销售额指数以及产品销售量指数等。

（5）交通运输业：各国采用最多的是产出关联指数外推法，常用的物量指数是客货运输量指数、客货运周转量指数以及其他复合产出物量指数，也采用基于经消费价格指数缩减的营业额指数；其次为双缩法，常用的价格指数是生产者价格指数、消费价格指数等。

（6）住宿和餐饮业：各国采用最多的是双缩法，常用的价格指数是消费价格指数，也使用住宿费价格指数；其次为产出关联指数外推法，使用的物量指数是宾馆过夜天数、经消费价格指数缩减的营业额指数、不变价居民消费支出指数等；单缩法也比较常用，使用的价格指数是消费价格指数（零售价格指数）等。

（7）电信、广播电视和卫星传输服务：各国采用最多的是双缩法，常用的价格指数是消费价格指数、生产者价格指数、产出隐含价格指数和工资率指数等；其次为产出关联指数外推法，常用的物量指数是利用投递物品数量或通话分钟数计算的产出物量指数，也利用经消费价格指数缩减的营业额指数等。

（8）互联网和相关服务业、软件和信息技术服务业：各国采用最多的是双缩法，常用的价格指数是消费价格指数、生产者价格指数和工资率指数；其次为投入关联指数外推法，常用的物量指数是雇员人数指数。

---

① 隐含价格指数是通过价值指数除以物量指数计算得到的替代性价格指数，主要用于缺乏全面、适当的标准价格指数的产品或行业。

(9) 货币金融服务和资本市场服务:各国采用最多的是投入关联指数外推法,常用的物量指数为雇员人数指数和工作时数指数;其次为双缩法,常用的价格指数有各种复合价格指数、工资率指数、生产者价格指数;另外,有较多国家利用经消费价格指数(零售价格指数)或GDP缩减指数缩减的存贷款额指数外推不变价增加值。

(10) 保险业:各国采用最多的是双缩法,常用的价格指数是消费价格指数、工资率指数、居民消费支出隐含价格指数以及利用保险合约数量指数计算的产出隐含价格指数;其次为产出关联指数外推法,常用的物量指数是基于合约数的产出物量指数以及经消费价格指数缩减的保费收入指数;另外,部分国家也常利用雇员人数指数外推不变价增加值。

(11) 房地产业:各国采用最多的是双缩法,常用的价格指数是生产者价格指数、消费价格指数,房租价格指数,以及利用建筑总产出计算的隐含价格指数;其次为单缩法或产出关联指数外推法,常用的价格指数是消费价格指数,常用的物量指数是房屋存量指数或产权交易次数指数。

(12) 租赁和商务服务业:各国采用最多的是双缩法,常用的价格指数是消费价格指数和生产者价格指数(批发价格指数),也使用综合投入价格指数、工资率指数等。

(13) 研究和试验发展:各国采用最多的是投入关联指数外推法,常用的物量指数是雇员人数指数;其次为双缩法,常用的价格指数是工资率指数和综合投入价格指数。

(14) 居民服务业:各国采用最多的是双缩法,常用的价格指数是消费价格指数;其次为产出关联指数外推法,常用的物量指数是不变价营业额指数等;单缩法也是比较常用的方法,主要利用消费价格指数缩减。

(15) 教育:各国采用最多的是投入关联指数外推法,常用的物量指数是雇员人数指数;其次为双缩法,常用的价格指数是消费价格指数和居民消费支出隐含价格指数,也使用综合投入价格指数和工资率指数等。

(16) 卫生:各国采用最多的是双缩法,常用的价格指数是消费价格指数,也使用综合投入价格指数和工资率指数等;其次为投入关联指数外推法,常用的物量指数是雇员人数指数以及其他复合物量指数。

（17）社会工作：各国采用最多的是利用工资率指数应用单缩法计算不变价增加值；其次为利用雇员人数外推不变价增加值。

（18）文化、体育和娱乐业：各国采用最多的是双缩法，常用的价格指数是消费价格指数和工资率指数；其次为产出关联指数外推法，常用的物量指数为不变价居民消费支出或营业额指数，以及基于影院入场人数、广播和电视小时数、观众人数和彩票数量计算得到的产出物量指数。

（19）公共管理和社会组织：各国采用最多的是利用雇员人数外推不变价增加值；其次为利用工资率指数应用单缩法计算不变价增加值。

综上所述，在各个行业中，尽管不同国家所采用的不变价增加值核算方法各不相同，但单外推法的使用频率最高，双缩法次之。对于单外推法，各种产出物量指数常被应用于市场性服务；而雇员人数指数等投入关联指数则被广泛地应用于非市场性服务。对于双缩法，各国最常用的价格指数是消费价格指数及其相关构成项；其次是生产者价格指数，主要用于交通运输、仓储和邮政业，信息传输、软件和信息技术服务业，房地产业，以及租赁和商务服务业等；此外，各种隐含价格指数和工资率指数也被各国广泛使用。通过研究我们发现，已经有越来越多的国家在越来越多的行业编制和使用生产者价格指数。

2. 不变价支出法 GDP 核算方法

在 OECD 成员的实践中，不变价支出法 GDP 核算主要是采用价格指数缩减法。由于每一个构成项目都反映的是一个单独的商品流量，因此绝大多数构成项目都采用单缩法进行缩减。计算公式如下：

不变价支出法 GDP ＝ 不变价居民消费支出 ＋ 不变价政府消费支出
　　　　　　　　　　＋ 不变价固定资本形成总额 ＋ 不变价存货变动
　　　　　　　　　　＋ 不变价净出口

其中，

不变价居民消费支出 ＝ 现价居民消费支出 ÷ 价格指数

不变价政府消费支出 ＝ 现价政府消费支出 ÷ 价格指数

不变价固定资本形成总额 ＝ 现价固定资本形成总额 ÷ 价格指数

不变价净出口＝不变价出口－不变价进口

不变价出口＝现价出口÷出口价格指数

不变价进口＝现价进口÷进口价格指数

由于现价存货变动计算方法的特殊性，也由于存货的变动不是很有规律，因而存货变动的不变价计算方法与支出法 GDP 中其他构成项目的不变价计算方法有所不同，特别是对于农产品的存货，由于产品不多且变化不大，也容易确定固定的价格，因此有些国家采用直接基年估价法计算。

在不变价支出法 GDP 的具体计算中，各国均根据现价支出法 GDP 的构成项目及价格指数的情况，在尽量详细的层面上进行计算。如居民消费支出分食品、衣着等具体类别分别缩减；固定资本形成总额按资产类别分别缩减，进出口分别对货物和服务以及更加详细的进出口产品缩减。所采用的价格指数尽量与支出项目的内涵相对应，如居民消费支出中的食品类采用食品消费价格指数。这样做的目的是更准确地剔除现价支出法 GDP 中的价格因素。

（二）几个发达国家的具体做法

近些年，很多发达国家按照 SNA 的要求，不断改进和完善不变价 GDP 核算方法，尝试在供给使用框架下核算不变价 GDP，并且逐步采用了链式价格指数和质量调整方法，这些理论和实践研究进一步夯实了不变价 GDP 核算的基础，也成为中国不变价 GDP 核算的一个重要发展方向。以下是一些国家的具体做法。

1. 美国

美国经济分析局（BEA）的不变价 GDP 核算采用两种独立的方法。一种是基于支出法的单缩法，应用于国民收入和生产账户（NIPAs），它是对最终需求的各组成部分单独进行不变价核算，然后将各部分的结果加总，就得到了不变价 GDP 及其主要组成部分。另一种是基于生产法的双缩法，应用于年度行业账户，它是对各行业的总产出和中间投入分别单独进行不变价核算，然后用不变价总产出减去不变价中间投入，就得到了不变价增加值。对于这两种方法，美国经济分析局都力求使用最恰当的基础资料和计算程序，同时也力求在尽可能详细的层次上进行不变价核算,然后汇总出更高层次的结果。

(1) 不变价支出法 GDP 核算。

在不变价支出法 GDP 核算中,美国经济分析局按照以下分类进行核算:个人消费支出(即住户和为住户服务的非营利机构的最终消费支出)、私人固定资本形成总额和存货变化(即非政府机构的资本形成总额)、政府消费支出和固定资本形成总额,以及货物和服务净出口(即出口减进口)。

个人消费支出。个人消费支出(PCE)的不变价核算主要采用缩减法,所需价格指数主要取自美国劳工统计局(BLS)的消费者价格指数(CPI)。然而,由于编制 CPI 的首要目的是提供一个综合价格指数,以反映因生活成本变化引起的收入和支出变化,而不是直接为个人消费支出的不变价核算提供价格指数,因此需要利用其他资料来源对其进行补充。

在个人消费支出和 CPI 所覆盖交易范围有差异的领域,通常使用由美国劳工统计局编制的生产者价格指数(PPI)所提供的详细数据进行缩减,这方面的例子包括由各种医疗机构、职业代理机构以及一些金融媒介提供的货物和服务。虽然 PPI 的编制是基于生产者提供的价格,而不是消费者支付的价格,但由于 PPI 更全面地覆盖了个人消费支出所包含的交易,所以使用详细的 PPI 数据对 CPI 进行补充仍可以得到较好的不变价核算结果。

在个人消费支出中,还有一些种类的货物和服务不是利用来自美国劳工统计局的价格指数进行不变价核算。例如,在缩减美国常住居民在国外的支出减去其对非常住居民的实物转移时,美国经济分析局使用的是在国外 CPI 数据基础上加工而得的自己的价格指数。美国经济分析局还有自己的投入价格综合指数,建立在大量不同来源的数据基础之上,用于缩减为住户服务的非营利性机构提供的货物和服务的价值。

此外,尽管个人消费支出不变价核算的首选方法是缩减法,但物量外推法和直接估价法也会用于某些商品和服务的不变价核算。例如,物量外推法被用于农场住房租金价值的不变价核算,直接估价法被用于汽车特许经营权的不变价核算。

私人固定资本形成总额和存货变化。在国民收入和生产账户中,私人固定资本形成总额的不变价核算通常使用两种类型的数据。首先,大多数非居住类设备投资及存货变化的不变价核算使用详细的 PPI 数据。但这种方法并不完美,因为 PPI 是基于生产者提供的价格,而不是购买者支付的价格。其次,对于大多数建筑物的不变价核算,美国经济分析局利用覆盖面很广的交易源数据生成成本指数,然后对现价进行缩减。虽然美国经济分析局认为在目前可供利用的数据来源情况下这是最好的方法,但由于它暗含了需假设建筑物产出的生产率没有变化,所以也并不是一种最优的方法。

私人存货变化的不变价核算是比较复杂的,因为存货变化有可能是正的,也有可能是负的。美国经济分析局是利用期末存货的不变价减去期初存货的不变价来得到存货变化的不变价,所使用的价格指数一般是 PPI。

私人固定资本形成总额和私人存货变化的不变价核算都面临一个共同的问题,这就是当货物和服务的质量随着时间迅速变化时,价格指数会出现偏差。这是因为新产品的价格信息不会随着时间变化被及时补充进去,这样价格指数事实上就会忽略掉新的货物和服务的出现,从而出现偏差。这种偏差通常可以利用质量调整或使用一个"特征(hedonic)价格指数"来减小。特征指数是基于这样的概念:对于新产品在以往时期缺失的价格数据,利用该产品的具体特性进行推算,然后利用推算的价格数据进行补充。

政府消费支出和固定资本形成总额。 政府消费支出和固定资本形成总额的不变价核算较为复杂,这其中至少有以下两个原因。首先,政府采购细目及支付价格的信息一般是不能获得的。其次,政府消费支出门类中交易的范围比其他支出门类要广得多,不但包括同提供货物和服务相关的政府支出,例如雇员报酬,也包括货物和服务采购支出。

雇员报酬的不变价核算采用物量外推法,军队雇员报酬和非军队雇员报酬分别计算。对于军队雇员报酬,使用按军衔和服务年限计算的全职等时数来构造物量序列;对于非军队雇员报酬,使用按公务员工资等级计算的全职等时数来构造物量序列。通过使用军衔和公务员工资等级,美国经济分析局对政府雇员的级别做出区分,提高了核算水平。

货物和服务采购的不变价核算也对军事和非军事采购分别处理。对某些非军事货物和服务的采购,利用 PPI 中的详细分类数据。但是在大多数军事采购种类的缩减中并不使用 PPI 数据,这是因为从美国国防部可以获得相关价格信息,这些信息更详细,也更合适。另外,还有一些交易,例如电力、天然气、农产品的采购等,利用可供选择的基础资料使用直接估价法。

政府固定资本形成总额各组成部分的不变价核算一般与私人固定资本形成总额使用的基础资料相同。例如,大多数建筑物的政府投资使用建造成本指数进行缩减。各种不同类型装备的采购使用 PPI 数据进行缩减。有一些设备的投资采购用到质量调整,例如影印设备、电话交换设备,以及自用软件。

货物和服务净出口。货物和服务净出口的不变价核算很大程度上依赖于美国劳工统计局编制的详细国际价格指数(IPI)数据。在一些不使用缩减法的领域,也需要用到这些 IPI 数据作为补充。例如,不收费的金融服务的出口使用物量外推法。从全部银行服务产出的物量,减去利用美国劳工统计局指数得到的收费金融服务的物量,就得到了不收费的金融服务的物量,以用于外推。

(2) 不变价分行业增加值核算。

年度行业账户采用双缩法进行分行业不变价增加值核算。缩减中用到的价格指数有很大一部分取自 PPI 数据。由于 PPI 基于生产者提供的价格,因此对总产出的不变价核算来说是最合适的缩减指数。但是,同时 PPI 数据也经常需要被用于缩减中间投入,因为这些类型交易的独立的价格指数通常并不存在。

虽然 PPI 为年度行业账户的不变价核算提供了很丰富的基础资料来源,但也必须有其他的资料来源作为补充,例如 CPI。尽管美国劳工统计局一直在扩展 PPI 数据所包含商品的覆盖范围,但其商品范围在很多行业仍未被完全覆盖。对于服务业和建筑业中的很多商品而言,情况就更是如此。未被覆盖的领域有时采用 CPI 进行补充,如废物管理和食品加工业就是这种情况。然而更多的时候是采用国民收入和生产账户中所使用的缩减指数或成本指数补充,这些指数一般是在个人消费支出中所使用的价格指数。因此,国民收入和生产账户中不变价核算的很多问题在年度行业账户中也同样存在。

(3) 费雪链式指数的应用。

美国经济分析局从 1996 年开始在国民经济核算中放弃使用传统的固定权重拉氏指数,转而使用费雪(Fisher)链式指数。虽然使用这种指数在计算上更烦琐,但通过比较新旧方法的物量核算结果可以看出新方法能够很大程度上消除替代偏差造成的影响。例如,通过比较发现,以 1987 年为基期,固定权重的不变价核算方法低估了 1949—1990 年七个经济扩张周期的 GDP 增长率,平均每年低估 0.4 个百分点,同时高估了 1991—1995 年的增长率,平均每年高估 0.5 个百分点。

对于行业来说,如果使用近期的权重对以往时期进行核算,而前后时期的价格变化巨大,那么就会对行业的增长率造成扭曲,通过对比新旧两种方法的结果,证明应用新方法可以消除这种扭曲。例如,使用新方法进行不变价核算,制造业在 1977—1987 年的年平均增长率为 2.7%,而如果固定使用 1987 年的权重,那么该增长率为 1.7%。另外,使用新方法进行不变价核算,1944—1947 年的 GDP 下降了 13%,而如果使用 1987 年价格为固定权重,则下降率为 25%,这其中部分原因是由于国防装备在 1987 年的价格要远高于第二次世界大战刚结束后的价格。

然而,费雪链式指数也存在一个主要的困难,那就是使用费雪链式指数进行的物量核算不具有可加一致性。也就是说,各分量的物量值加起来不等于总量的物量值。为了克服这个困难,美国经济分析局引入了一种可加一致性"贡献率"的方法,通过这种方法,可以确定每一分量对总体价格和物量变化的贡献率。

2. 德国

(1) 不变价 GDP 核算方法。

在德国,GDP 的物量核算与现价核算密切相关。在不变价核算中,GDP 同时按照生产法(在"收入形成账户"中)和支出法(在"收入使用账户"中)进行核算。生产法的计算结果(也就是总增加值与生产税净额之和)从理论上来讲与支出法相一致(最终使用减进口)。当两种方法存在较大差异时,需要检查原始数据,并对那些可能的误差较大的核算数据做必要的修正,但某些情况下计算所必需的详尽的价格信息是得不到的。这特别适用于生产方的计算,因为这种方法在理论上需要大量的关于产出和中间消耗价格变动的数据。然而,无论是官方价格统计还是其他数据来源都无法满足数据范围和详细程度的要求。价格数据的缺口需要通过估计来填补。宏观经济平衡也考虑了不变价存货变动的很大的不确定性。然而,大的数据修正通常是针对生产方的中间消耗或增加值,而不是针对相对稳健的产出数据。GDP 价格成分主要靠支出法确定,因为支出方价格信息有更好的覆盖率和更高的质量。

生产物量的计算与投入产出账户(IOA)中细分类的投入产出表(IOTs)和供给使用表(SUTs)的编制密切相关。由投入产出账户得到的产出和投入的价格用作收入形成账户的初始值。一旦从 GDP 计算中得到平衡后的基本宏观经济参数,已有的供给使用表(SUTs)将在单个产品分类水平上调整为收入形成和使用账户的参数。

在德国的国民账户中,缩减是在一个很细的产品分类水平上实施的。这与国际标准建议是完全一致的,即采用分解方法,在最基本的分类水平上最大限度地保证产品的同质性。国民账户的物量测算不仅要考虑总量指标值的数量变化,也要考虑产品的质量变化。产品质量的变化应当计入物量而不是价格成分。当这种变化与一篮子产品的构成相关时,最好的做法是采用分解法缩减。在最细分类水平上(初级水平的加总)的价格变动是通过使用质量调整后的价格指数得到的,也就是考虑了质量变化后的价格指数。

目前,德国已按照欧盟委员会的要求以移动的上年价格替代固定价格。欧盟委员会关于价格和物量测算的"原则 3"要求物量值要以上年为权重得到。因此,按照上述原则的规定,在经过一段过渡期后,德国不变价 GDP 的计算已于 2005 年转换为上年价格,同样的变化也出现在季度账户中。

(2) 来自价格统计体系的基础数据。

在德国,价格统计是经济统计的重要组成部分,并且有着很长的历史。它们构成了在不同经济层面上观测大部分重要产品价格变动的综合的、平衡的系统。它们从一开始就被认为是特别重要的,不仅用于观测价格变动,同时也用于缩减国民账户数据,也就是计算不变价。为了达到这个目的,德国建立了一套详细的出售和购买者价格的相关体系。

官方价格统计中主要的价格指数如下,它们以月度、季度或年度指数的形式发布。

——工业生产者价格指数;

——农业和林业价格指数;

——建筑物价格指数;

——批发业指数,零售和消费者价格指数;

——进出口价格指数;

——交通和通信服务价格指数。

在官方价格统计中,价格指数根据基年的固定权重构建,即拉氏价格指数。这些价格指数能够最佳反映不受其他因素(如一篮子商品构成变化等)影响的纯的价格变动。它们通常在尾数逢 0 或 5 的年份更换基期。在国民账户中,推荐使用费氏价格指数测算年度价格和物量变动。然而由于一些实际的原因,帕氏(Paasche)公式计算的价格也是可以接受的,即单个的价格指数以报告期数据加权,并使用拉氏公式计算物量。在国民账户中,使用报告期非常详细的数据可以将最初的拉氏价格指数转换为帕氏价格指数,即总量指标及其构成项经拉氏价格指数缩减后,以隐含指数的形式间接计算得到帕氏价格指数。

只有在价格统计体系中才会在产品层面上考虑质量变化,并且可以采用很多种方法进行质量调整,有的直接在数据收集阶段采用,有的则主要在分析完价格信息之后。考虑质量变化的一个常用方法是"重叠期链接"。在以下特殊情况下采用这种方法,即新旧型号的产品同时在市场上存在,并且可以得到经济理论中所谓的均衡价格。新旧型号产品的价格差异可以解释为质量差异,旧型号产品价格序列可以利用新型号产品的价格变动得到延续。

目前有一种新的方法是利用回归分析或特征价格法(hedonic method)进行质量调整,即采用回归分析的方法将每个规格产品的价格都估计出来。这些价格可以用于确定各种不同型号产品的名义价格,包括旧产品和新的、改进后的产品。纯的价格变化可以经过实际和名义价格的比较分离出来。在德国,基于特征价格指数测算的个人电脑价格已经纳入了消费价格统计。由于特征价格指数的引入，它也被用于国民账户，为了保持一致性，新的结果也被用于生产者价格和进出口价格中。

3. 加拿大

加拿大的不变价 GDP 核算是通过缩减法计算的。2001 年以前采用的是拉氏定基指数。在同一基期之内计算物量变动时可以直接计算，因为每一年的不变价格都是基年的价格。但是如果要计算一段时期的物量变动，由于数据跨越不同的基期，必须把所有的不变价链接起来。链接的方法是根据基年两个不同的价格水平计算出一个换算系数，通过换算系数将不同基期的数据转换成相同的价格，得到可比的时间序列。2001 年以来，加拿大 GDP 物量核算采用的是费雪链式指数。从理论上说，这种方法优于拉氏定基指数，是联合国 1993 年 SNA 推荐的方法，同时也使得加拿大不变价 GDP 数据同美国的不变价 GDP 数据具有可比性。

(1) 采用费雪链式物量指数的原因。

在信息和通信技术快速发展的今天，拉氏物量指数衡量的不变价结果会产生非常大的偏差，增长速度被高估。因为自 1992 年以来，由于技术的快速变化，在加拿大，与高速发展的信息和通信行业相关的设备和服务的价格大大降低了，而在 GDP 的核算中，如果不变价的增长速度用 1992 年的价格水平来估价，这些产品在 1992 年的价格大致上是 2000 年的四倍，拉氏物量指数的权重被严重高估。这种现象在价格统计中称作"替代偏差"，这也是为什么拉氏物量指数计算的 GDP 增长速度处在可能值的上限，它不能补偿由于商品价格降低而带来的替代效应。

采用拉氏物量指数与费雪物量指数两种不同的公式计算 1981—2000 年的 GDP 增长速度，结果显示差异是 2.5%，其中，到 2000 年第三季度有六个季度的差异是 1%。从整个 GDP 的增长来看，这个差异不是特别大，但是，分支出项目看，由于高技术进步对投资有比较大的影响，因此在固定资本形成中两个不同公式计算的差异达到 40% 之多，在出口中也有 12%，只不过由于进口数据存在偏差抵消了这个差异。当加拿大的信息通信技术产业继续高速发展时，进口数据的偏差不可能再去抵消固定资本形成和出口的偏差，因此，不变价支出法

GDP 数据同样也受到影响。

如果将指数公式改变为帕氏指数,使用现价也就是当期的价格作为权重的衡量基础,也不能解决问题。这种结果产生的偏差与拉氏指数正好相反,由于信息通信行业的价格一直下降,基年的增长速度用现价衡量,这时所犯的错误与采用拉氏指数正好相反,有低估 GDP 增长速度的可能。因此,采用拉氏指数衡量经济增长会高估增长速度,采用帕氏指数则会低估经济增长。费雪指数,拉氏和帕氏两个指数的几何平均,是一条比较稳定的中间道路。因此,不变价 GDP 采用费雪指数公式,它是拉氏和帕氏两个指数的中间地带,重新对每一个季度建立基期可以减少由于离散带来的偏差。

(2)将费雪链式指数应用于 GDP 物量核算。

从 2001 年第一季度开始,加拿大统计局在季度 GDP 物量核算中开始采纳费雪链式指数,并于 2002 年第三季度起也开始将其应用于地区核算。链式指数总是使用最新的价格权重,避免了使用定基指数带来的权重过时问题。费雪链式指数的计算公式为:

$$\mathrm{FQ}_C = \sqrt{\frac{\sum p_0 q_1}{\sum p_0 q_0} \times \frac{\sum p_1 q_1}{\sum p_1 q_0}} \times \cdots \times \sqrt{\frac{\sum p_{t-1} q_t}{\sum p_{t-1} q_{t-1}} \times \frac{\sum p_t q_t}{\sum p_t q_{t-1}}} \times \cdots$$
$$\times \sqrt{\frac{\sum p_{n-1} q_n}{\sum p_{n-1} q_{n-1}} \times \frac{\sum p_n q_n}{\sum p_n q_{n-1}}}$$

其中,p_t 为 t 期的价格,q_t 为 t 期的数量。

在实践中,由于缺乏详细的价格和数量数据,上述公式是不能直接应用的。在 GDP 核算中,只有现价的价值量序列(C)和价格指数(相对价格),没有物量指数,因此不得不依赖于三者之间的关系 $C_t = p_t q_t$,把物量利用价值量和价格指数表示出来。这样有:

利用拉氏指数公式 $\mathrm{LQ}_{t/t-1} = \dfrac{\sum p_{t-1} q_t}{\sum p_{t-1} q_{t-1}}$,可以得到 $\mathrm{LV}_{t/t-1} = \dfrac{\sum \left(\dfrac{p_{t-1}}{p_t}\right) C_t}{\sum C_{t-1}}$;

利用帕氏指数公式 $\mathrm{PQ}_{t/0} = \dfrac{\sum p_t q_t}{\sum p_t q_0}$,可以得到 $\mathrm{PV}_{t/t-1} = \dfrac{\sum C_t}{\sum \left(\dfrac{p_t}{p_{t-1}}\right) C_t}$;

最后，通过对上述两式求几何平均数，可以得到费雪指数公式为：

$$\mathrm{FV}_{t/t-1} = \sqrt{\frac{\sum \left(\frac{p_{t-1}}{p_t}\right)C_t}{\sum C_{t-1}} \times \frac{\sum C_t}{\sum \left(\frac{p_t}{p_{t-1}}\right)C_{t-1}}}$$

加拿大统计局在进行 GDP 物量核算时，首先应用上述公式得到一个指数序列，然后将得到的指数序列按照季度顺序链接起来，最后将链接后的指数序列基准化到一个参照年，以得到按加元表示的 GDP 物量值。

在计算 GDP 物量时，需要从较细的分类开始做起，然后逐层汇总。分类的详细程度主要取决于数据的可获取程度及总体数据的质量要求。在加拿大的支出法 GDP 核算中，共有 425 个现价价值量时间序列及相应的价格指数时间序列被用来计算费雪链式指数型的 GDP 物量。

另外需要指出的是，加拿大统计局不计算年度费雪指数。GDP 物量的年度增长率是四个季度增长率的简单平均值。

4. 澳大利亚

澳大利亚是在 1998 年将链式物量核算引入 GDP 核算系统的。从 1986 年开始的数据均使用链式物量核算替代了原来不变价生产法和支出法 GDP 的核算。

(1) 链式物量核算方法。

链式物量核算有多种不同的方法，澳大利亚的年度链式物量核算采用拉氏公式计算。根据此公式，任意连续两年的物量都用前一年的价格表示，年度之间比较的环比物量指数通过用后一年的价值除以前一年的价值得到。在给定的 t 时间，年度拉氏环比物量指数为：

$$L_t^V = \frac{\sum Q_t P_{t-1}}{\sum Q_{t-1} P_{t-1}}$$

其中，Q_t 代表 t 年的数量，P_{t-1} 代表 $t-1$ 年的价格，$t-1$ 年是 t 年的基年。

年度的物量核算值组合成了一组时间序列，这一组时间序列都是用最相近的基年，也就是核算年前一年的现价来进行估价。一般来讲，链式的物量是不可加的，现价数据的核算关系并不能直接应用于链式物量核算，只有在参照年和参照年的后一年才可以相加。因此,在保证最近的基年与参照年年份相一致的基础上,澳大利亚统计局所用的方法保证了最相近两年数值的可加性。t 年拉氏链式物量的核算值 L_t^{CV} 为:

$$L_t^{CV} = \begin{cases} \sum Q_r P_r \times \prod_{i=r+1}^{t}\left(\dfrac{\sum Q_i P_{i-1}}{\sum Q_{i-1} P_{i-1}}\right) & t > r \\ \sum Q_r P_r & t = r \end{cases}$$

其中,L_t^{CV} 是 t 年的拉氏链式物量核算值;P_{i-1} 是 $i-1$ 年的价格,也是 i 年的基年价格;P_r 为 r 年的价格,也就是参照年的价格;Q_i 为 i 年的数量;Q_{i-1} 为 $i-1$ 年的数量;Q_r 为 r 年的数量,也就是参照年的数量。

类似地也可以得到季度数据,每季度的数据由前一年度的价格来表示。每个季度的数据同样组成一组长的时间序列,并且此时间序列以年度的链式物量数据为基准进行了调整。

季度物量的权重每年重新确定一次而不是每季度一次,这主要是出于以下几个原因:第一,季度权重的价格数据,以行业为基础的生产法 GDP 无法得到,而只有支出法的 GDP 可以得到;第二,季度权重的确定只能利用季节调整后的数据,而季节调整必须在比较细分类的基础上进行,但是也有人认为,通常效果比较好的季节调整后的数据是在总量层面上的,另外,也有很多用户需要没有经过季节调整的原始数据。

季度链式物量数据以年度物量数据为基准,可以保证 GDP 核算的季度和年度数据之间相互衔接。

(2)GDP 链式物量值的计算方法。

总体上,澳大利亚是按照上年的价格在投入产出框架下编制年度支出法和生产法的物量核算值。为保证各行业和进口的商品供给与各行业商品使用相平衡,支出法与生产法的 GDP 物量核算值是一样的。以按照可比的上年价格计算的本年的核算值除以按照上年价格计算的上年的核算值,就可以得到年度环比物量指数。下面分别简要介绍支出法和生产法 GDP 物量估计的数据来源和方法。

支出法 GDP 核算。季度和年度 GDP 的物量核算值是由用上年价格表示的最终消费支出、固定资本形成、存货变化和净出口的物量核算值加总而得到的。

住户最终消费支出的大多数项目是通过价格缩减法,以现价价值除以价格指数得到的。可获得的价格指数在很多情况下是固定权重的。住户最终消费支出中的一些小的项目,如果缺乏价格和数量数据,使用的是隐含的价格指数。电脑设备使用的是费雪链式价格指数。

政府最终消费支出的物量估计是从投入的角度进行计算,而不是直接估计所提供的服务的数量。与政府最终消费支出现价价值的计算方法一致,政府最终消费支出的物量核算值定义为劳动力成本、原材料成本、固定资本消耗之和减去一般政府有偿对外提供的货物和服务的价值。劳动力成本、原材料成本的物量核算值用工资成本指数(按年度计算,再加权的拉氏链式指数)和原材料价格指数缩减而得,固定资本消耗的物量核算值用永续盘存模型得出。

固定资本形成用设备进口和生产者价格指数、各种建筑物价格指数、道路建设价格指数和工资成本及工程建筑原料价格指数来重估价。

大部分存货的物量核算值用进口和生产者价格指数缩减得出,农业和公共政府存货根据数量进行重估价。

大部分货物出口根据数量进行重估价。服务出口的物量核算值用消费者价格指数等价格指数通过价格缩减法得出。货物和服务进口的物量核算值用进口价格指数和一些其他国家的价格指数通过价格缩减法获得。

生产法 GDP 核算。按照现行价格计算的行业增加值定义为产出价值与生产过程中耗费的货物和服务中间投入价值之间的差额。因此,从 1995—1996 年度开始,澳大利亚采用双缩法进行年度分行业增加值物量核算。

年度核算,通常根据年度供给和使用表按双缩法核算每个行业的增加值的物量值。在可能的情况下,使用与产出和投入直接相关的价格指数,但在这种价格指数无法获得的情况下,使用的是基于投入价格的替代价格指数,如工资成本和材料的价格指数。批发和零售毛利的物量核算值用与其相关的商品的销售量的增长率推算。

季度核算,除农业以外,大部分行业因无法获得使用双缩法所需的数据,采用替代的方法核算季度增加值物量,根据产出物量值增长速度推算,这种方法是假设在物量的估计中,中间投入和产出的比率是恒定的。但实际上,对于服务行业来说,由于通常很难计算出真实的产出的物量变化,因此产出的物量核算值要采用较可行的替代法来计算。

三、中国现行不变价国内生产总值核算方法及存在的问题

(一) 不变价国内生产总值生产核算

中国不变价 GDP 生产核算同现价核算一样是从 1985 年开始的。随着中国经济的快速发展和经济体制改革的不断深化,为满足宏观经济分析和决策的需要,中国国民经济核算体系、价格调查体系等不断完善,不变价 GDP 核算方法也有了较大的改进,逐步与国际标准相接轨,细化了行业分类,选用了更为合适的缩减指数,基本形成了比较规范的不变价 GDP 核算方法。同时,从中国的实际出发,逐步规范了不变价 GDP 核算所采用的基年。从 2005 年开始,确定了每 5 年更换一次基年的原则。目前,中国不变价 GDP 核算所采用的基年为 2015 年。历次经济普查获得了较为详尽的基础资料,从而也为改进中国的不变价 GDP 核算方法创造了条件。现行的不变价 GDP 生产核算采用 2011 年颁布的国民经济行业分类标准(GB/T 4754—2011),按 95 个行业分别进行核算。

1. 农林牧渔业

农林牧渔业分农业、林业、畜牧业、渔业、农林牧渔服务业 5 个行业。农林牧渔业现价增加值按照生产法计算。农业、林业、畜牧业、渔业和农林牧渔服务业不变价增加值采用单缩法计算,计算公式为:

$$不变价增加值 = 现价增加值 \div 相关价格指数$$

其中,相关价格指数分别为农产品、林产品、畜产品、水产品生产者价格指数和农业生产服务价格指数。

2. 工业

工业增加值核算分类分为 2 个层次:第一层次按国民经济行业门类分为采

矿业,制造业,电力、热力、燃气及水生产和供应业3个行业;第二层次按国民经济行业大类分为41个行业,其中采矿业有7个,制造业有31个,电力、热力、燃气及水生产和供应业有3个。

工业现价增加值按收入法计算。在计算中,首先分别计算41个国民经济行业大类的现价增加值,然后合并生成3个行业门类增加值,最后合并生成工业现价增加值。不变价增加值,采用单缩法分41个行业大类分别计算,计算公式为:

$$不变价增加值＝现价增加值÷工业生产者出厂价格指数$$

工业生产者出厂价格指数使用分行业大类的指数。

3. 建筑业

建筑业分房屋建筑业、土木工程建筑业、建筑安装业、建筑装饰和其他建筑业4个行业。

建筑业现价增加值按收入法计算。建筑业不变价增加值采用价格指数缩减法计算,计算公式为:

$$不变价增加值＝现价增加值÷建筑安装工程价格指数$$

4. 批发和零售业

批发和零售业分为批发业和零售业2个行业。

批发和零售业现价增加值按收入法计算。批发和零售业不变价增加值采用单缩法计算,计算公式为:

$$不变价增加值＝现价增加值÷商品零售价格指数$$

5. 交通运输、仓储和邮政业

交通运输、仓储和邮政业分铁路运输业、道路运输业、水上运输业、航空运输业、管道运输业、装卸搬运和运输代理业、仓储业、邮政业8个行业。

交通运输、仓储和邮政业现价增加值按收入法计算。交通运输、仓储和邮政业不变价增加值采用物量指数外推法和单缩法计算。

(1) 铁路运输业、道路运输业、水上运输业、航空运输业、管道运输业和邮政业不变价增加值采用物量指数外推法计算。计算公式为:

$$不变价增加值＝上年不变价增加值×物量指数$$

铁路运输业、道路运输业、水上运输业、航空运输业物量指数是相应行业的客货运周转量发展速度,管道运输业物量指数为输油(气)周转量发展速度,邮政业物量指数为邮政业务总量发展速度。

(2) 装卸搬运和运输代理业、仓储业不变价增加值采用单缩法核算。计算公式为:

不变价增加值＝现价增加值÷服务项目价格指数

6. 住宿和餐饮业

住宿和餐饮业分为住宿业和餐饮业 2 个行业。

住宿和餐饮业现价增加值按收入法计算。住宿和餐饮业不变价增加值采用单缩法计算,计算公式如下。

(1) 住宿业为:

不变价增加值＝现价增加值÷[(宾馆住宿价格指数＋其他住宿价格指数)÷2]

(2) 餐饮业为:

不变价增加值＝现价增加值÷在外用膳食品价格指数

7. 金融业

金融业分为货币金融服务、资本市场服务、保险业和其他金融业 4 个行业。

金融业现价增加值按收入法计算。金融业不变价增加值采用价格指数缩减法与物量指数外推法相结合的方法计算。

(1) 货币金融服务业采用价格指数缩减法核算。缩减指数利用同业拆借利率指数和消费投资价格指数加权核算。其中:

消费投资价格指数＝居民消费价格指数×[最终消费支出÷(最终消费支出＋固定资本形成总额)]＋固定资产投资价格指数×[固定资本形成总额÷(最终消费支出＋固定资本形成总额)]

(2) 资本市场服务业采用物量指数外推法核算,计算公式为:

资本市场服务业不变价增加值＝资本市场服务业上年不变价增加值
×股票成交量指数

(3) 保险业采用物量指数外推法与价格指数缩减法相结合的方法核算,其中投资收益部分利用物量指数外推法,其余部分利用价格指数缩减法,计算公式为：

$$保险业不变价增加值＝保险业现价增加值÷保险业缩减指数$$

其中：

$$保险业缩减指数＝（投资收益÷保险业总产出）×资本市场服务业缩减指数＋[（保险业总产出－投资收益）÷保险业总产出]×消费投资价格指数$$

（4）其他金融业采用价格指数缩减法核算，计算公式为：

$$其他金融业不变价增加值＝其他金融业现价增加值÷货币金融服务业缩减指数$$

8. 房地产业

房地产业分为房地产开发经营活动、物业管理活动、房地产中介服务活动、自有房地产经营活动和其他房地产业活动5个行业。

房地产业现价增加值按收入法计算。除自有房地产经营活动外，房地产业不变价增加值采用单缩法计算，利用相关的价格指数分别对房地产业各行业现价增加值缩减求得；自有房地产经营活动采用物量指数外推法计算。计算公式如下。

（1）房地产开发经营业为：

$$不变价增加值＝现价增加值÷房地产开发经营业加权价格指数$$

房地产开发经营业加权价格指数＝（房屋销售价格指数×商品房销售收入占商品房销售收入、土地转让收入和房屋出租收入合计的比重）＋（土地交易价格指数×土地转让收入占商品房销售收入、土地转让收入和房屋出租收入合计的比重）＋（房屋租赁价格指数×房屋出租收入占商品房销售收入、土地转让收入和房屋出租收入合计的比重）

（2）物业管理业为：

$$不变价增加值＝现价增加值÷物业管理价格指数$$

（3）房地产中介服务业为：

$$不变价增加值＝现价增加值÷服务项目价格指数$$

(4) 自有房地产经营活动为：

不变价增加值＝上年不变价增加值×居民自有住房面积发展速度

(5) 其他房地产活动为：

不变价增加值＝现价增加值÷服务项目价格指数

9. 其他服务业

其他服务业包括信息传输、软件和信息技术服务业，租赁和商务服务业，科学研究和技术服务业，水利、环境和公共设施管理业，居民服务、修理和其他服务业，教育，卫生和社会工作，文化、体育和娱乐业，公共管理、社会保障和社会组织 9 个行业门类，24 个行业大类或大类组合。

其他服务业现价增加值按收入法计算，首先计算大类行业的现价增加值，然后汇总出门类行业现价增加值。其他服务业中，卫生和社会工作中的卫生不变价增加值采用物量指数外推法计算，物量指数为医疗机构诊疗人次发展速度；其他行业不变价增加值采用单缩法计算，利用相关的价格指数分别对各行业现价增加值缩减后求得，计算公式为：

不变价增加值＝现价增加值÷相关价格指数

其中，信息传输、软件和信息技术服务业利用的相关价格指数为通信服务价格指数；居民服务、修理和其他服务业为服务项目价格指数；租赁和商务服务业，科学研究和技术服务业，水利、环境和公共设施管理业，卫生和社会工作中的社会工作，公共管理、社会保障和社会组织为职工平均工资指数；教育为居民消费价格指数中的教育类价格指数；文化、体育和娱乐业为居民消费价格指数中的文化娱乐价格指数。

(二) 不变价支出法国内生产总值核算方法

中国支出法 GDP 核算工作始于 1989 年，同时进行现价核算和不变价核算。二十多年来，随着中国国民经济核算体系的不断完善，支出法 GDP 核算的概念、范围、分类和计算方法逐步实现了规范化和制度化，不变价支出法 GDP 核算水平有了明显提高。现行的不变价支出法 GDP 核算方法是先计算五大支出构成项目的不变价数值，主要采用价格指数缩减法，再将这些构成项目加总得到不变价支出法GDP。在核算不变价支出构成项目时,是根据每个项目的具体情况,采用不同的方法分别计算。

1. 居民消费支出

现价居民消费支出主要利用城乡住户调查资料来计算,并且按照城镇居民和农村居民消费支出的主要类别分别计算。城镇居民和农村居民消费支出分为以下10类:食品烟酒,衣着,居住,生活用品及服务,交通和通信,教育、文化和娱乐,医疗保健,银行中介服务,保险服务,其他商品及服务。居民消费支出等于城镇居民消费支出与农村居民消费支出之和。

不变价居民消费支出也分为城镇居民和农村居民消费支出,并且按消费支出的不同类别,分别利用相应的价格指数采用缩减法计算。不变价城镇居民和农村居民消费支出与现价核算的分类相同。

(1) 食品烟酒。城镇居民和农村居民不变价食品烟酒消费支出分别利用城镇居民、农村居民食品、烟酒及用品、在外用膳食品消费价格指数缩减,计算公式为:

食品烟酒不变价消费支出=(食品现价消费支出÷食品消费价格指数)+(烟酒现价消费支出÷烟酒及用品消费价格指数)+(饮食服务现价消费支出÷在外用膳食品消费价格指数)

(2) 衣着,生活用品及服务,交通和通信,教育、文化和娱乐,医疗保健,其他商品及服务。这些类不变价居民消费支出的计算方法基本一致,即直接利用居民消费价格指数中的相应分类价格指数缩减各类别的现价数据得出不变价数据,并且按照城镇居民和农村居民分别计算。这些类消费支出,所利用的价格指数分别为居民消费价格指数中的城市和农村衣着、家庭设备用品及维修服务、交通和通信、教育文化娱乐用品和服务、医疗保健、个人用品及服务价格指数。

(3) 银行中介服务,保险服务。城镇居民和农村居民银行中介服务消费支出和保险服务消费支出,利用生产法GDP核算中货币金融服务业和保险业缩减指数缩减。

(4) 居住。城镇居民和农村居民居住消费的不变价核算分两个部分。一是不变价租赁房房租、住房维修及管理、水电燃料及其他支出等,利用居民消费价格指数中居住消费价格指数缩减;二是不变价自有住房服务,利用城镇居民和农村居民住房面积发展速度,采用物量外推法核算。

2. 政府消费支出

现价政府消费支出以国家财政的经常性业务支出为基础进行计算,资料来源于财政部行政事业单位决算资料。不变价政府消费支出分为三部分计算,即工资福利性支出、商品和服务性支出和固定资产折旧,分别利用相应的价格指数采用缩减法计算。计算公式为:

不变价政府消费支出＝现价工资福利性支出÷政府部门工资率指数＋现价商品和服务性支出÷居民消费价格指数＋现价固定资产折旧÷固定资产投资价格指数

3. 固定资本形成总额

现价固定资本形成总额按住宅、非住宅建筑物、土地改良支出、机器和设备、研发支出、矿藏勘探费、计算机软件、其他8个部分核算。

不变价固定资本形成总额利用各类价格指数,分别对现价固定资本形成总额构成项目采用缩减法计算。

(1) 住宅分两部分计算,即住宅投资利用建筑安装工程价格指数缩减,住宅销售增值利用房屋销售价格指数缩减。

(2) 非住宅建筑物分两部分计算,即非住宅建筑物(不包括非住宅房屋销售增值)利用建筑安装工程价格指数缩减,非住宅房屋销售增值利用房屋销售价格指数缩减。

(3) 土地改良支出,利用固定资产投资产价格指数缩减。

(4) 机器和设备,利用设备工器具购置价格指数缩减。

(5) 研发支出,利用研发投资价格指数缩减,其中研发投资价格指数为工业生产者购进价格指数、研发人员工资指数、固定资产投资价格指数的加权平均值。

(6) 矿藏勘探费,利用其他费用价格指数缩减。

(7) 计算机软件,利用计算机软件价格指数缩减。

(8) 其他,利用其他费用价格指数缩减。

4. 存货变动

存货变动分行业计算。现价存货变动主要根据会计资料中的期末、期初价值计算。但由于会计核算中的存货价值包含了核算期内价格变动引起的存货持有收益或损失,因此在计算存货变动时需要加以剔除。

计算不变价存货变动一般采用两种方法,一是价格指数缩减法,二是利用基年价格乘以核算期数量增量直接计算。

(1) 农林牧渔业企业存货变动:国有农业企业存货变动利用农产品生产者价格指数缩减;农户的猪、羊、家禽和粮食的不变价存货变动采用直接计算法,利用基年的单价乘以核算期存货变动的数量计算。计算公式为:

不变价猪、羊、家禽存货变动=(年末存栏数-年初存栏数)×基年平均价格

农户粮食储备存货变动=(年末库存量-上年年末库存量)×基年粮食混合平均价格

(2) 工业存货变动,利用工业生产者出厂价格指数缩减。

(3) 建筑业存货变动,利用工业生产者出厂价格指数缩减。

(4) 交通运输业、仓储业和邮政业存货变动,利用商品零售价格指数缩减。

(5) 批发和零售业存货变动,利用商品零售价格指数缩减。

(6) 住宿和餐饮业存货变动,利用商品零售价格指数缩减。

(7) 房地产业存货变动,利用工业生产者出厂价格指数缩减。

(8) 信息传输、软件和信息技术服务业存货变动,利用交通、通信用品价格指数缩减。

(9) 租赁和商务服务业,科学研究和技术服务业,水利、环境和公共设施管理业,居民服务、修理和其他服务业存货变动,利用商品零售价格指数缩减。

(10) 教育,文化、体育和娱乐业存货变动,利用体育娱乐用品价格指数缩减。

(11) 卫生和社会工作存货变动,利用中西药品及医疗保健用品价格指数缩减。

5. 货物和服务净出口

现价货物和服务净出口等于货物和服务出口减去货物和服务进口的差额。货物进出口可分为一般贸易进出口,加工贸易进出口,其他贸易进出口;服务进出口可分为运输服务、旅游服务、通信服务、保险服务、计算机和信息服务及其他服务进出口。货物出口和进口价值都按离岸价格计算,服务出口和进口价值按交易发生时的市场价格计算。

不变价货物和服务的净出口等于按不变价计算的货物和服务出口减去按不变价计算的货物和服务进口后的差额。不变价出口和进口分别利用相应的价格指数按缩减法计算。在计算不变价货物出口和进口时,货物出口价格指数和货物进口价格指数主要采用海关总署编制的出口商品价格指数和进口商品价格指数。由于目前中国还没有编制服务进出口价格指数,因此在计算不变价服务出口和进口时,服务出口价格指数参照中国居民消费价格指数中的服务项目价格指数确定,服务进口价格指数参考美国、日本、欧盟的服务出口价格指数确定。

(三) 存在的主要问题

1. 缺乏一个供给使用框架

从各国的实践可以看出,用双缩法核算不变价增加值的难点在于不变价中间投入的计算,而供给使用表提供了一个计算不变价中间投入的框架。供给使用表是投入产出核算的重要组成部分,2008年SNA更加突出了它的作用。在供给使用核算框架内,可以对来自不同统计渠道的有关货物和服务流量的统计数据进行一致性的检验,也可以利用产品流量法对各种货物和服务的总供给与总使用进行平衡。产品流量法是供给使用模型的实际应用,其平衡功能并不是停留在总量层面上,而且是分行业细类,甚至是分产品的平衡,从而实现GDP生产法、收入法和支出法三种方法的协调一致,同时也弥补了双缩法易受基础数据质量影响的不足。而我国尚未正式编制供给使用表,难以发挥供给使用表在GDP核算中的框架作用,从而造成分行业增加值核算与支出法GDP核算的分割。

2. 不变价 GDP 生产核算存在的问题

近年来,中国不变价增加值核算方法不断得到改进和完善,但是,由于受到现价增加值、缩减指数、物量指标以及基年设定等因素的影响,中国不变价增加值计算方法与发达国家相比仍存在一些差距。

(1) 大部分行业采用单缩法。从国外情况来看,在绝大多数行业中,采用双缩法的国家要多于采用单缩法的国家。而在中国,由于大多数行业的现价增加值采用收入法计算,不直接计算中间投入,并且十分缺乏中间投入的价格指数,因此并没有采用双缩法来计算不变价增加值,除少数行业采用单外推法外,其他行业均采用单缩法。但是,当总产出和中间投入的价格变动不同时,采用单缩法和单外推法计算的结果会出现较大偏差。

(2) 缺乏理想的服务业生产者价格指数。中国不变价增加值核算采用的价格指数较为单一,服务业生产者价格指数缺口较大。目前可以利用的价格指数主要为居民消费价格指数中的服务项目价格指数及相关子项目。但是,由于很多生产性服务活动的对象不是居民,这些服务活动实际上没有对应的消费价格指数,在这种情况下用居民消费价格指数的相关子项目代替会影响到不变价增加值的准确性。

(3) 缺少科学编制的工资率指数。中国非市场性行业的增加值较多采用职工平均工资指数进行缩减,与国外的做法基本一致,但是与先进国家编制的工资率指数不同的是,中国编制职工平均工资指数的基础资料不完整,没有小时工资和按人员级别的分类,无法反映劳动生产率和工作时间等变化,且调查范围不够全面,因此计算结果有可能高估或低估不变价增加值的增速。

(4) 部分物量指标缺乏代表性。国际上的通行做法是,很多行业因缺乏匹配的价格指数,而采用物量外推法来计算不变价增加值。在中国,也有部分行业采用这一做法。但是在中国现行的统计制度中,一些行业难以找到比较合适的与产出或投入相关联的物量指标,只能利用一些相关指标代替,但这些指标对目标变量的代表性不强。

(5) 基年使用的时间过长。基年的选定会对不变价增加值计算结果的准确性产生影响。一般而言,基年越靠近当前时期,两个不同时期的不变价增加值越具有可比性；反之，基年离当期越远，两个不同时期的产品结构和价格结构差异越大，不变价增加值越具有不可比性。虽然中国从2000年开始，改为每5年更换一次基年，但仍不能适应社会主义市场经济条件下产品结构和价格结构迅速变化的情况。从长期看，应采用发达国家的做法，建立每年更换基年的链式不变价核算方法。

3. 不变价支出法GDP核算存在的问题

由于不变价支出法GDP主要是采用价格指数缩减法计算，因此不变价支出法GDP核算会受到支出分类、现价核算和价格指数三个方面的影响。从这三个方面入手加以分析，可以看出目前中国不变价支出法GDP核算存在如下问题。

（1）支出法GDP项目分类与国际标准存在明显差距。目前，由于受到基础资料来源和数据质量的限制，居民消费支出分类只区分为10类，与国际标准分类差距较大；政府消费支出只有一种分类，也没有按国际标准做更细的分类；固定资本形成分类虽已改为按资产类型分类，但分类仍然较粗。

（2）现价支出法GDP核算的基础资料存在缺口。支出法GDP核算需要大量的基础资料，但在现实工作中缺少稳定可靠的基础资料。例如计算居民消费支出时，自有住房虚拟消费、金融服务消费、保险服务消费所需要的基础资料都不完善，只能用相关指标推算；计算政府消费支出所需的行政事业单位决算资料的统计口径经常变化；在固定资本形成核算中，50万元以下项目的固定资产投资完成额，商品房销售增值，购置旧建筑物、旧设备的价值和与土地有关的费用等资料依据不充分；计算存货变动的基础资料也很缺乏。

（3）价格指数难以满足不变价支出法GDP核算的需要。目前中国不变价支出法GDP核算使用的价格指数缺口较大，特别是与支出项目分类相配套的价格指数非常缺乏，需要应用替代价格指数。另外，现有的价格指数在范围口径上与各支出构成项目不完全匹配。例如，如何选择适于计算政府消费支出和部分行业存货变动的价格指数，就是目前十分棘手的问题。再如，我国尚未编制服务进出口价格指数。因此，在不变价支出法GDP核算基础资料不全、价格指数不配套的情况下，需要在选择价格指数和改进核算方法上多做一些研究工作,同时要逐步建立与支出法 GDP 核算相配套的价格指数体系。

四、中国不变价国内生产总值核算方法的探索研究

(一) 中国不变价国内生产总值核算的改革设想

为准确计算不变价 GDP,客观反映社会主义市场经济条件下国民经济的发展变化情况,需要不断完善不变价 GDP 核算方法。针对当前中国不变价 GDP 生产核算和支出法 GDP 核算中存在的主要问题,结合现阶段统计制度方法改革的实际情况,应从以下几个方面加以改进。

1. 加强不变价供给使用核算研究

目前很多先进国家在供给使用框架下利用双缩法核算不变价增加值。即使是当年供给表中的"制造矩阵"和使用表中的"中间使用矩阵"数据不全时,也可以采用。因此,中国应在深入开展现价供给使用核算研究的基础上,加强不变价供给使用核算的研究工作,以解决缺少中间投入数据及其价格指数等问题。下面举例说明不变价供给使用核算的具体步骤。

(1) 利用基年供给表"制造矩阵"的构成和当年分行业的总产出(见表 6.1 阴影下方),即根据基年分行业总产出中每个产品所占的份额分劈当年分行业的总产出,推算出现价供给表"制造矩阵"(见表 6.1 阴影部分),进而得到完整的现价供给表。

表 6.1 现价供给表

	行业 1	行业 2	行业 3	基本价格 国内总产出	到岸价 的进口	贸易和 运输毛利	生产税 减补贴	购买者价格 总供给
产品 1	195	30		225	20	40	14	299
产品 2	11	100		111	10	33	7	161
产品 3			76	76	0	−73	0	3
合计	206	130	76					

注:白色方框内为已知数据。

（2）利用相关价格指数缩减现价供给表，获得分产品的不变价总供给和分行业的不变价总产出（见表6.2阴影部分）。

表6.2　不变价供给表

	行业1	行业2	行业3	基本价格国内总产出	到岸价的进口	贸易和运输毛利	生产税减补贴	购买者价格总供给
产品1	162	25		187	15	35	13	250
产品2	10	87		97	9	28	7	141
产品3			66	66	0	−63	0	3
合计	172	112	66					

（3）利用基年分行业增加值率和当年分行业总产出推算现价使用表中的分行业中间投入合计和增加值（见表6.3阴影部分）；令现价使用表中的总使用等于现价供给表中的总供给，进而得到分产品的中间使用合计（见表6.3阴影部分）。

表6.3　现价使用表

	行业1	行业2	行业3	中间使用合计	出口	最终支出	购买者价格总使用
产品1				88	36	175	299
产品2				83	13	65	161
产品3				0		3	3
中间投入合计	74	69	28				
增加值	132	61	48				
总产出	206	130	76				

（4）分产品缩减现价使用表中的最终使用以获得分产品的不变价最终使用（见表6.4阴影部分），并且令不变价使用表中的总使用等于不变价供给表中的总供给。

表 6.4 不变价使用表

	行业 1	行业 2	行业 3	中间使用合计	出口	最终支出	购买者价格总使用
产品 1					29	145	250
产品 2					12	55	141
产品 3						3	3
中间投入合计							
增加值							
总产出	172	112	66				

（5）用不变价总使用减去不变价最终使用以获得分产品的不变价中间使用合计（见表 6.5 阴影部分），进而得到分产品的中间使用隐含价格指数（现价中间使用合计除以不变价中间使用合计）。

表 6.5 不变价使用表（续 1）

	行业 1	行业 2	行业 3	中间使用合计	出口	最终支出	购买者价格总使用
产品 1				76	29	145	250
产品 2				74	12	55	141
产品 3						3	3
中间投入合计							
增加值							
总产出	172	112	66				

（6）利用分产品的中间使用隐含价格指数和基年使用表中的中间投入构成得到分行业的中间投入隐含价格指数，进而得到分行业的不变价中间投入合计和增加值（见表 6.6 阴影部分）。

表 6.6　不变价使用表(续 2)

	行业 1	行业 2	行业 3	中间使用合计	出口	最终支出	购买者价格总使用
产品 1				76	29	145	250
产品 2				74	12	55	141
产品 3						3	3
中间投入合计	64	61	25				
增加值	108	51	41				
总产出	172	112	66				

2. 在部分行业建立服务业生产者价格指数

(1) 交通运输业。交通运输业包括铁路运输业、道路运输业、水上运输业、航空运输业和管道运输业。这些行业目前是利用客货运(输油气)周转量指标，通过物量外推法计算不变价增加值。但是，由于物量外推法容易受到数量指标的代表性和数据质量的影响，难以准确地反映服务的实际变化，因而可能会高估或低估不变价增加值的增速，同时由于这些行业增加值占 GDP 的比重相对较大，因此应学习先进国家的做法，建立、健全相关的服务业生产者价格指数。

(2) 装卸搬运和运输代理业、仓储业。目前这些行业利用居民消费价格指数中的服务项目价格指数缩减计算不变价增加值。由于这些行业中的大部分活动属于生产性服务业，因此在服务项目价格指数中没有与装卸搬运业和仓储业相关的分类，故这些行业只能用服务项目价格指数的总指数缩减。但是，服务项目价格指数不能准确地反映这些行业的价格变动，因而应进一步建立、健全相关服务生产者价格指数。

(3) 互联网和相关服务业、软件和信息技术服务业、租赁业和商务服务业。这些行业目前利用中国核算部门自行编制的职工平均工资指数通过缩减法计算不变价增加值。这种方法的隐含假定是职工平均工资的变动代表了劳动者报酬乃至增加值的价格变动，适用于劳动生产率变化较小且劳动者报酬占增加值的比重较高的非市场性服务。但是，由于上述行业市场性较强、结构和质量变化较快，仅用职工平均工资指数无法准确反映这些行业的价格变动，有可能高估或低估不变价增加值的增速,并且这些行业近年来发展迅速,增加值占 GDP 的比重逐年提高,因此建立相关的服务业生产者价格指数是解决这一问题的理想方法。

3. 完善现行的统计制度方法

(1) 改进工资率指数的调查和编制方法。为了满足科学研究、教育、社会工作、公共管理和社会组织等非市场性服务利用工资率指数计算不变价增加值的需要,应学习先进国家的做法,建立更为完善的劳动工资调查制度,改进调查方法,增加按小时工资和按人员级别的分组,以反映劳动生产率和工作时间的变化,并且将调查对象的范围扩展到全行业,从而编制出更为科学的工资率指数。

(2) 逐步提高物量指标的代表性。对于金融、卫生等不宜采用缩减法的行业,研究改进统计调查制度,设置或增加与不变价增加值核算相关的物量指标,并且学习国际上的先进经验,利用多个与产出或投入相关联的物量指标计算出复合物量指数,以提高物量指标的代表性和数据质量。这样也可以扩大不变价增加值核算方法的选择范围,避免过分依赖单缩法。

(3) 完善现有的居民消费价格指数。在现有的居民消费价格指数中,一些分类价格指数已用于不变价服务业增加值核算中,但是这些价格指数与相应的行业并不完全匹配。如医疗保健服务价格指数用于计算卫生的不变价增加值,但其中包含了保健服务,与卫生服务口径不完全匹配;再如文娱费价格指数用于计算文化体育和娱乐业这一门类中的所有大类的不变价增加值,但其中缺乏与各大类一一对应的细分类,无法准确反映各大类的价格变动。因此,应增加或调整居民消费价格指数中相应的细分类,使之能够满足不变价服务业增加值核算的需要。

4. 研究改进不变价支出项目的核算方法

为了从根本上解决不变价支出法 GDP 核算中存在的问题,从长期来看,必须在完善现价支出法 GDP 核算的基础上,建立与支出法 GDP 核算相配套的价格统计体系,健全相应的价格统计调查制度。从近期着手,就要在借鉴国际经验的基础上,充分考虑中国的现实情况,从选择价格指数和改进核算方法上下功夫,以期弥补基础资料的不足,不断提高不变价支出法 GDP 核算的数据质量。例如,在计算不变价的货物与服务净出口时,细化出口和进口的分类。

5. 合理确定不变价基年

基年的确定和使用时间的长短会对不变价增加值的计算结果产生直接影响。如果基年使用时间太长,由于产品结构和价格结构变化很大,特别是新产品没有基年价格而以当年价格代替,一般会高估不变价国内生产总值数据。中国目前不变价国内生产总值核算实行每五年更换一次基年的做法,与以往每十年更换基年的做法相比,基年的使用时间大大缩短了。但是随着社会主义市场经济的迅速发展,许多新的经济活动和新产品不断出现,因此应学习借鉴 OECD 成员的经验,研究采用以上年为基年的链式指数的可行性。

(二) 部分行业不变价增加值核算的改进研究

1. 道路运输业

交通运输被称为经济的血脉,在国民经济中发挥着重要作用。2016 年,中国交通运输、仓储和邮政业增加值占第三产业增加值的比重为 8.7%,其中的道路运输业在这一门类中占一半左右。道路运输业也是运输形式最为复杂的行业,包括了利用货车、大客车、轿车、地铁、轻轨、人力车,甚至农用车、畜力车等多种交通工具提供的服务。因此,如何准确核算道路运输业的不变价总产出和增加值,正确地反映道路运输业的实际变动,成为摆在统计与核算人员面前的一道难题。

(1) 道路运输服务的价格变化与物量变化。道路运输服务的不变价核算(或称物量核算),就是要剔除价格因素对总产出、中间消耗或增加值等的影响,反映其物量变化,因此首先就是要区分其价格变化和物量变化。

由于旅客运输与货物运输的特性存在较大差异,因此各国在对道路运输服务进行统计与核算时一般要分为旅客运输和货物运输。

旅客运输。价格属性:旅客运输服务是把人从一个地方送到另一个地方,大多可以用车票来反映价格。每一种类型的票证都可以看作一种不同的产品。对于所有票型来说,现价产出都等于所售出的票数乘以每张票的价格。因此,不变价产出就应该是所售票数乘以基期每张票的价格。编制价格指数时也要按照这种方法,其中不同票型的价格通常是按照基期每种票型的总销售量或购买量计算或加权的。

物量属性:客运周转量、旅客运输量等都属于旅客运输的数量指标,反映客运的数量属性。同时,对于各种运输形式的旅行,运输质量也是一个重要问题,包括速度、便利条件、舒适情况、可靠程度和准时程度等因素,需要把这些方面的变化正确地反映在物量变化中。此外,还要考虑加价和打折的情况。

货物运输。价格属性:道路货物运输行业提供了多种复杂的定价机制,包括货物类型、运送距离和收费率等。价格经常在不同的方式下达成,如模型价格、现货价格、交易或合同价格和价目表价格。由于编制价格指数需要获取包含任何折扣的实际服务价格,因此货运价格应首选交易价格。从理想状态来看,在价格采集过程中,国内的和出口的价格都应包括。

物量属性:货运周转量、货物运输量等都属于货物运输的数量指标,反映货运的数量属性。同时,在道路货物运输行业中,有关服务质量的内容,如运送的及时性、货物的形态和质量保障等,一般都比较固定,并且包括在服务说明书中,在测算物量变化时也需要考虑。

(2)中国道路运输统计与不变价核算的改进建议。目前中国道路运输业不变价核算的基础数据缺口较大,例如缺少PPI数据,缺少范围口径较为完整的财务资料等,同时,涉及道路运输服务的产品分类较粗,且分类项目不一致,如道路运输的周转量、运输量等指标缺少进一步分组,价格调查与住户调查的分类不同等。与发达国家相比,中国道路运输业不变价核算仍存在一些差距。因此,亟待在以下几个方面加以改进。

规范各项统计调查的产品分类。一是按照国际上通行的做法,应尽量将中国统计调查的产品分类划分详细,使统计与核算的结果更加精确;二是将价格调查、住户调查以及业务统计的产品分组,逐步统一到国家统计局制定的《统计用产品分类目录》上来;三是进一步修订中国《统计用产品分类目录》,使之更好地与新的《国民经济行业分类》以及与联合国最新修订的《CPC2.0》相匹配。

研究开展道路运输服务生产者价格调查。编制道路运输服务 PPI 的难度虽然很大,但是一些发达国家已经建立了相关调查制度。因此中国应学习国外先进经验,研究开展道路运输服务的生产者价格调查,编制相关 PPI,为采用缩减法核算不变价增加值创造条件。特别是对于货运服务,无法像客运服务那样利用 CPI 作为替代价格指数。

选用现有条件下最佳的不变价核算方法。从各国的实践可以看出,对各种不变价核算方法的选择不是一成不变的,需要根据本国各时期的不同情况选择最为适当的方法。在中国现阶段,对于道路运输业,可以考虑将其分为客运和货运,分别采用不同的不变价核算方法。例如,利用 CPI 中的相关分类指数,采用缩减法计算客运服务的不变价增加值;利用货运周转量,采用物量外推法计算货运服务的不变价增加值。此外,还可以考虑利用隐含价格指数,采用缩减法计算道路运输业不变价增加值,代替现行的物量外推法。

2. 软件和信息技术服务业

随着科学技术的发展以及人们对软件和信息技术服务需求的日益增加,软件和信息技术服务业在国民经济中占据了日益重要的地位。然而,软件和信息技术服务的活动通常比较复杂,不同形式的服务项目经常以多种方式搭配,并根据客户的不同需求进行量身定做。因此,为了准确地反映软件和信息技术服务业的发展变化情况,开展这一行业的不变价核算研究就显得非常必要。

(1) 软件和信息技术服务产品的特点。软件和信息技术服务产品是指为信息传输、信息制作、信息提供和信息接收过程中产生的技术问题或技术需求所提供的服务产品。主要包括以下特点。

主要客户为商业用户。商业用户出于自用或销售的目的会需要软件和信息技术服务,消费者通常购买已经开发并发行的软件,不会专门定制软件和信息技术服务。因此软件和信息技术服务主要面向商业用户,极少用于最终消费。

个性化服务。软件和信息技术服务的每一项服务产品几乎都是不完全相同的。软件和信息技术服务企业必须对客户的需求有深入的了解,在实施项目过程中与客户密切配合,并且提供大量的售后服务工作,因此每一项服务合同几乎都是定制的。随着科技的进步,功能更多的新版本软件不断在市场中涌现,这些新版本软件虽然是原软件的更新形式,但是应当把它们看成是与原软件不同的产品。

通常与硬件进行捆绑。软件服务与硬件捆绑在一起的现象正变得日益多见,最为明显的例子是个人电脑及其操作系统的捆绑销售。而且在商业市场上,软件正在被不断地并入工业机械中,其维护也成为全套服务的一部分。

(2) 软件和信息技术服务的价格属性和物量属性。软件和信息技术服务业的不变价核算,首先就是要区分其价格变化和物量变化。软件和信息技术服务业分为软件开发业和其他信息技术服务业两种。

软件开发。价格属性:中国软件开发服务是按照开发软件的功能来划分的,如基础软件开发服务、应用软件开发服务、信息安全软件开发服务和工业软件开发服务等。软件开发服务的主要定价方法是按小时收费定价,因此软件开发的价格可以通过采集每小时的营业额数据或者平均每小时收费率来得到,但要注意不同种类的软件和不同级别的开发人员每小时收费情况是不同的。

物量属性:软件开发服务所需的小时数或软件开发人员的工作时数反映软件开发的数量属性。同时,软件开发服务的质量也是一个重要问题,包括软件开发员的技术水平和经验水平、用户满意程度、用户体验等因素。软件开发服务的这些质量因素是很难确定的。

信息技术服务。价格属性:信息技术服务分为信息系统集成服务、信息技术咨询服务、数据处理和存储服务、集成电路设计服务和其他信息技术服务五大类。信息技术服务的主要定价方法为按小时收费和按合同价格收费,合同价格的设计涉及很多因素,包含的质量因素很难剔除。

物量属性:信息技术服务所需的小时数或咨询员的工作时数和项目合同数反映信息技术服务的数量属性。工作时数数量指标需要根据不同的员工种类以及经验水平将咨询员分类,而项目合同数数量指标需要剔除的质量因素往往更多,实际中比较难以实现。

(3) 中国软件和信息技术服务业不变价核算的改进建议。

规范和细化产品分类。根据SNA的分类,软件服务产品分为套装软件、定制软件和自用软件。这三种软件由于定价规则的不同,应该采用不同的缩减指数,因为它们的价格和物量可能以不同的速度增长。而在中国现有的软件业统计中,无法区分出三种软件的数据,因此无法针对三种软件分别进行缩减,这就对软件业的缩减产生了一定影响。因此,我们建议通过细化软件和信息技术服务业的统计来得到相应的基础数据。同样,信息技术服务业的产品分类也具有复杂性和多样性。只有规范软件和信息技术服务业的产品分类,增加相关产品分类的统计调查,才能更好地将之用于软件和信息技术服务业的不变价核算。

开展相关行业生产者价格指数的编制工作。使用经过适当质量调整的生产者价格指数作为缩减指数来核算软件和信息服务业不变价增加值,是欧盟推荐的最优方法,同时也被国际上大多数国家所采用。因此,除了研究和改进不变价核算方法,还应该完善现有的价格指数体系,编制与国民核算配套的价格指数,特别是研究软件和信息技术服务生产者价格指数的调查和编制工作。

改进工资率指数的调查和编制方法。当缺少生产者价格指数时,使用工资率指数是国际上通行的方法之一。而中国对于工作时间的统计是相对缺乏的,目前只有分门类的周平均工作时间。因此,中国应学习先进国家的做法,建立更为完善的劳动工资调查制度,改进调查方法,增加按小时工资和按人员级别的分组,以反映劳动生产率和工作时间的变化,从而编制出更为科学的工资率指数。

参 考 文 献

[1] European Commission. Handbook on Price and Volume Measures in National Accounts[M]. 2001.

[2] European Commission,International Monetary Fund,Organization for Economic Co-operation and Development,United Nations,World Bank. System of National Accounts 2008[M/CD]. 2009.

[3] European Commission,OECD. Methodological Guide for Developing Producer Price Indices for Services[M]. 2006.

[4] OECD. Services:Measuring Real Annual Value Added[M].1996.

[5] 德国联邦统计局.国民核算中的价格与物量测算方法[M].2013.

[6] 国家统计局国民经济核算司.中国非经济普查年度国内生产总值核算方法[M].北京:中国统计出版社,2008.

[7] 郑学工,董森.不变价服务业增加值核算方法研究[J].统计研究.2012(11).

[8] 郑学工,马佳.从德国经验看中国不变价GDP核算[J].中国统计,2014(6).

[9] 朱之鑫,许宪春.中国不变价国内生产总值核算方法研究[M].北京:北京大学出版社,2012.

第七篇　季度国内生产总值核算方法改革研究

郑学工　魏媛媛　陈亚宁

季度 GDP 核算是国民经济核算体系的重要组成部分,对于及时把握宏观经济形势、制定经济政策起着十分重要的作用。为了进一步改进和完善中国季度 GDP 核算,本文深入研究了季度 GDP 核算的主要特点和核算方法,总结了发达国家的主要做法和经验,梳理了中国季度 GDP 核算的现状和存在的问题,并且就中国的分季 GDP 核算改革进行了探讨。

一、季度国内生产总值核算的基本原则与核算方法

季度 GDP 核算主要用于描述当前短期经济发展变化情况,它比年度 GDP 核算更及时,比单个短期指标更全面。季度核算与年度核算在核算定义、原则和结构方面是一致的。但是,受数据可得性、搜集成本和时效性的限制,季度核算的资料来源在详细程度和涵盖范围方面比年度核算更为有限。因此,季度 GDP 核算方法与年度核算有较大差异,需要定期对季度数据进行年度衔接和修订。

(一) 基本原则

1. 季度 GDP 核算与年度 GDP 核算在概念上是一致的

为了避免在经济变化的解释上出现混淆,有必要使季度核算与年度核算保

持一致。为了使核算结果保持一致,季度核算与年度核算应使用同样的概念。如果季度 GDP 与年度 GDP 出现不同的增长率,就会给使用者带来困扰,并且会影响对实际经济状况的判断。从数据的角度来看,保持一致意味着四个季度的数据加起来应等于年度数据,特别是年度核算的数据来源一般不同于季度核算。为了避免季度数据与年度数据出现差异,需要对二者进行"衔接",也就是将更为精确的年度信息用于季度核算中,以提高季度时间序列的精度,同时还可以保证在一个时间序列框架中正确使用季度和年度数据。在衔接的过程中,需要在年度数据约束下尽可能保持原始数据的短期波动。

2. 季度 GDP 核算数据需具备时间序列的特征

为进行经济周期分析、拐点识别、趋势循环分析、寻找经济变量之间的动态关系、实现预测等目标,必须拥有具备时间序列格式的季度 GDP 核算数据。同时,为达到上述目的,时间序列还要足够长。时间序列在这里被定义为,在可比较的不同时期内根据同一概念测量取得的数据序列。因此,要形成时间序列,数据必须随着时间的变化保持可比。更重要的是,随着时间的变化,数据要在概念上和测量上前后一致,并且要在时间周期上保持一致(如月度、季度)。累计数据(如 1—3 月、1—6 月、1—9 月)不构成时间序列,前后年度针对同一时期测量的变化序列(如同比增长)也不构成时间序列,因为它们不能进行两个连续时期的比较。

3. 需要对季度 GDP 核算数据进行季节调整

经季节调整的数据和趋势循环估计对于确认经济周期变化和拐点的作用是不可替代的。进行季节调整意味着要运用相应的分析技术将序列分解为季节性变化、趋势与循环和不规则变动等成分。定义这些成分的目的是在特定应用时可剔除其中的一些成分,以便对序列进行专门观察。经过季节调整的数据去掉了一年中发生的循环因素即季节变动的影响;趋势与循环估计过程中则对不规则变化进行了调整。季节变动可能由经济运行或循环的外生因素(如气候变化)等引起,也可能由假期、宗教事件以及诸如交易日和支付日数量和类型变化带来的日历效应等引起。虽然可以针对上述因素的某一项进行季节调整,但在编制账户的过程中,需要将所有季节变动一并纳入调整范围。

4. 对季度 GDP 核算数据应进行有规律的修订

为了给使用者提供更为及时准确的数据,季度 GDP 核算数据必须进行修订。在季度核算中,一方面面对的是资料来源和被调查者的负担,另一方面面对的是使用者的需求,二者合起来形成了时效性、可行性、准确性和全面性之间的对立关系。为了平衡这些因素,首先应该编制初步数据,然后当得到更多更好的基础数据后再进行修订。通过修订,将新的更精确的信息合并到原有的核算结果中,以提高核算结果的准确性,同时不会导致时间序列的间断。为了尽量减少修订次数同时又不延误信息更新,需要对统计工作进行协调,修订计划应视基础数据的获得情况而定,对基础数据的收集进行协调将有助于减少修订次数。同时,面对用户可能关注的诸多修订问题,需要建立并公开数据发布规则和修订策略,让用户了解修订的原因以及是如何修订的。

5. 季度 GDP 核算在短期经济分析中应发挥框架作用

季度 GDP 核算可以通过一个连贯一致的核算框架来提供宏观经济总量的季度序列数据,由此即可为分析这些总量之间的动态关系(特别是先行与滞后分析)提供支持。作为一个评估、分析和监测当前经济发展变化的框架,季度 GDP 核算应具备及时、一致、准确、全面、(适当地)详细等特点。因此可以说,季度核算为经济周期分析和经济建模提供了基础数据。与年度核算一样,季度核算为设计和搜集经济统计资料提供了一个协调一致的概念框架,便于找出现有短期统计数据的主要缺口。

(二) 主要核算方法

1. 直接法

依赖一套调查体系获得全面的季度(月度)数据,采用与年度 GDP 相同的方法计算季度 GDP。这种方法的实施成本较高,时效性较差,但数据质量更可靠,与年度衔接也更好,适用于统计人员、经费配备较好,调查制度较为完善,以及数据时效性要求不高的情况。在实践中,各国很少采用直接法,部分国家的农业增加值采用总产出扣减中间投入的方法获得,一些国家的固定资产折旧通过永续盘存法得到。

2. 间接法

利用短期相关指标或季度序列的历史数据，采用数学或统计模型方法分摊年度基准数据或外推基期季度数据，从而得到季度 GDP。与直接法相比，间接法资料来源的选取更为灵活，数据搜集成本较低，时效性较好，因此普遍应用于各国季度 GDP 核算。但因数据误差较大，通常需要在获得新的资料来源之后，定期对数据进行修订，最后还要与年度数据进行衔接。具体方法如下。

(1) 分摊法是指将 GDP 序列的年度数据分配到相应年份的四个季度中。根据所采用的数学或统计模型的不同，具体可以分为平滑法(smoothing methods)、两步调整法(two-steps adjustment methods)、时间序列法(time series methods)、最优化方法(optimal methods)、动态模型法(dynamic model methods)以及多变量方法(multivariate methods)。由于季度核算的时效性要求较高，通常在估计当年季度 GDP 时还得不到序列的年度数据，因此分摊法更多地用于季度数据与年度数据的衔接以及对季度 GDP 历史数据的修订。对于一些比较稳定的行业或构成项，可以先核算全年数据，再分摊到四个季度中。

(2) 外推法是指当年度 GDP 及其构成项未知时，利用短期相关指标或季度 GDP 构成项序列的历史数据，外推基期季度 GDP 构成项，得到当期的 GDP 构成项，并且加总后获得当期的季度 GDP。在缺少年度数据的情况下，由于考虑到数据可得性、搜集成本和时效性，外推法成为各国季度 GDP 核算采用的主要方法，并且利用相关指标的外推明显优先于趋势外推。

利用相关指标外推。假设相关指标 x_t 和季度 GDP 构成项 y_t 有相同的季节变动模式，通常可以表示为：

$$y_{t+1} = y_t(1 + \Delta x_{t+1}) + w_t$$

其中，y_t 表示季度 GDP 构成项指标 y 第 t 期的值；x_t 表示短期相关指标 x 在第 t 期的值；$\Delta x_{t+1} = (x_{t+1} - x_t)/x_t$ 表示 x 在第 $t+1$ 期的增长率；w_t 是代表修正项的随机变量，包含来自外生变量的验证信息、处理类似问题时的历史经验以及核算人员对经济形势的判断等因素。

对于季度 GDP 的每个构成项，应优先选用那些可获得的、对目标变量代表性较好的指标。根据代表性的好坏，可以将短期相关指标分为 A、B、C

三类。

A 类指标：理想指标，即与目标变量的内涵基本一致的指标，与年度 GDP 核算资料来源差别较小。

B 类指标：次选指标，覆盖了目标变量总体的大部分，或直接度量了目标变量部分属性的指标，能较好地反映目标变量的短期变动趋势。

C 类指标：不得已指标，与目标变量存在间接关系的指标，必须做出一些合理假设才能较好地反映目标变量短期变动趋势。

A 类、B 类指标与目标变量存在直接内在联系，在实践中应用较为普遍，其中 B 类指标的使用频率最高，而 C 类指标与目标变量的潜在关系较不稳定，应该尽量避免使用。

趋势外推。指在没有短期相关指标可以利用的情况下，假设季度 GDP 构成项指标 y 的变动趋势不变，基于目标变量的历史数据外推得到当年季度估计值。这种方法主要用于对 GDP 贡献较小的生产活动（如租赁、金融服务中的一部分，渔业和狩猎等）；短期内可以被认为是稳定的某些 GDP 支出项（如实际和虚拟房租等）；难以获取数据的较小支出项（如个人护理支出等）；农林牧渔业、家庭服务的雇员报酬；以及部分国家的固定资产折旧等。较常用的方法有线性趋势外推法、指数趋势外推法和季节 ARIMA 模型法。

3. **商品流量法**

基于经济体内一种商品的供给和使用相等的原则，即总产出＋进口＝中间消耗＋最终消费支出＋固定资本形成总额＋存货变动＋出口，从已知的供给得到货物和服务的使用。利用商品流量法首先要有详细的生产和进出口统计资料，再根据投入产出表、调查资料和专家经验，确定每种产品是作为最终使用还是中间消耗。这种方法主要用于一些特殊商品（如食品、饮料、酒、烟草制品，以及燃料和能源等）的居民消费支出，以及固定资本形成总额和存货变动中的部分项目。

（三）相关指标的资料来源

由于季度 GDP 核算采用的主要方法是利用相关指标的外推法，因此本文按照相关指标的代表性(同上文的 A、B、C 三类),将各种方法的资料来源情况归纳如下。

1. 生产法

生产法 GDP 涉及分行业增加值的计算,每个行业需分别计算总产出和中间消耗,因此理想的推算方法是利用双指标(即 A 类指标)外推。但是,推算行业总产出和中间消耗的相关指标通常不能同时得到,因而各国普遍采用的方法是假定在短期内增加值率不变,利用总产出的相关指标(即 B 类指标或 C 类指标)外推增加值。

(1) B 类指标。

工业生产指数:主要用于采矿和制造业,电力、燃气和水的供应业。

物量或数量指标:主要用于农业、运输以及通信行业。在实践中,几乎所有国家都用客货运周转量来核算运输活动;在大多数情况下,电话呼叫量和信件邮递量等指标是通信行业的首选指标;屠宰量、木材砍伐量等指标也是估计农业、林业和渔业增加值的首选指标。

销售额、营业额或其他收入数据:主要用于制造业、批发和零售业、住宿和餐饮业等很多行业。这些数据一般来源于统计部门和税务部门相关调查。

金融服务活动资料:主要用于推算金融业增加值。包括存贷款余额、利率、共有基金价值及收益率、保费收入、手续费和佣金收入、股票和债券发行量及交易量或交易额等指标。

其他资料来源:包括利用投资数据来计算建筑业增加值;利用永续盘存法得到的住宅存量数据来核算自有住房服务的产出和增加值等。

(2) C 类指标。

劳动投入数据:主要用于产出难以确定的服务活动,如公共管理和防卫、教育、卫生、其他社会和私人服务活动等,有时也用于建筑业和金融服务活动。统计指标主要包括雇员人数、工作小时数以及工资和薪金等。资本集约程度和全要素生产率的改变会导致劳动投入与产出关系发生变化,因此一些国家要调整基础数据以反映生产率变化或劳动力等级及技术构成的变化。

其他资料来源:包括利用估算的贸易毛利来计算贸易活动增加值;根据许

可证发行量和完工平均用时估计得到完工价值,并以此为基础计算建筑业增加值等。

2. 支出法

支出法季度 GDP 的构成项通常包括居民最终消费支出、广义政府部门最终消费支出、为住户服务的非营利机构最终消费支出、固定资本形成总额、存货变动以及货物和服务的净出口。居民最终消费支出的资料来源主要为调查数据,其他构成项的资料来源主要为行政记录。下面分支出构成项来分别介绍。

(1) 居民最终消费支出。

A 类指标:住户调查数据。与企业调查相比,住户调查可以保证购买范围和支出构成的全面性,它包括了企业调查范围之外的货物支出和服务支出。但是目前住户调查数据也存在一些问题,如时效性不能满足要求、有可能低估一些项目或漏报敏感指标等。

B 类指标:销售额或营业额,是覆盖项目数量最多的资料来源,包括零售店的销售额,运输和公用事业公司的营业额(收入)等。其中,零售店的销售额统计主要涉及商品销售信息,这类信息通常按零售店类型划分,并且需要使用转换矩阵转换为商品支出;运输和公用事业公司的营业额统计数据没有区分来自住户的收入和来自企业的收入,需要使用年度比率等相关信息估计住户部分。

C 类指标:其他资料。大部分国家依据车辆登记记录计算私人车辆支出;有的国家使用死亡率估计殡葬服务最终支出;有的国家利用气象资料估计燃气和电力的消费。

(2) 广义政府部门最终消费支出。

A 类指标:大部分国家可以获得政府支出账户资料。其中,有些国家只能得到中央政府的数据,一些国家则通过抽样调查获取全部政府部门的数据。政府支出账户采用收付实现制记录,与 1993SNA 要求的权责发生制之间存在差异,可能造成估算误差。

B 类指标:工资和薪金通常被用于劳动者报酬的测算,有时也用于测算政府最终消费支出。

(3) 为住户服务的非营利机构最终消费支出。一些国家利用就业和工资统计资料来测算为住户服务的非营利机构最终消费支出,它属于 B 类指标。许多国家不单独计算这个项目而是包含在居民最终消费支出中。

(4) 固定资本形成总额。

A 类指标:对投资品购买者的调查资料。

B 类指标:对投资品生产者的调查资料。

C 类指标:也有国家利用行政记录或投入量指标(劳动投入和原料投入等)进行推算。

(5) 存货变动。

A 类指标:月度或季度调查搜集的存货变动信息。

B 类指标:来自库存持有者的其他信息主要用于政府机构持有的食品和战略物资以及石油公司的燃料库存。

C 类指标:有些情况下采用业务指标核算。

由于获取存货变动数据较为困难,因此各国经常将存货变动作为账户的平衡项。

(6) 货物和服务的净出口。货物进出口的季度数据来自海关行政记录或贸易企业调查;服务进出口的季度数据可以从国际收支平衡表得到并直接用于国民账户,尽管国际收支平衡表的服务分类通常不是很细。这些指标基本都属于 A 类指标。

3. 收入法

收入法季度 GDP 的构成项通常为雇员报酬、营业盈余、固定资产折旧和生产税净额。下面分收入构成项来分别介绍。

(1) 雇员报酬。

A 类指标:几乎所有国家都建立了季度或月度就业和工资调查。从调查中可以获得按行业划分的就业人员数以及工资和薪金的详细信息,并且用来测算除农业以外的非政府雇员的雇员报酬。在测算雇员报酬时,常常假定工资和薪金的变动能够反映雇员报酬的全部变动。而政府部门工资和薪金的主要来源是政府支出账户。

B 类指标:所得税数据。

C 类指标：其他间接指标，如估计的就业人员数、工资标准和工资指数等。

(2) 营业盈余。

A 类指标：公司利润调查，政府或其他官方机构的行政记录。

B 类指标：用于测算非公司制企业（个体户）混合收入的产出、销售额或营业额数据，以及税收数据等。

C 类指标：给股东的公司报告等。

在实践中，各国经常将营业盈余作为平衡项处理。

(3) 固定资产折旧。大部分国家采用趋势外推法和直接法计算固定资产折旧，但是也有部分国家通过公司利润调查得到企业提取的折旧数据，用于推算企业部门固定资产折旧，这类指标应属 A 类指标。

(4) 生产税净额。

A 类指标：月度或季度企业会计记录。

B 类指标：税收收入和补贴支出以及相关税率。政府财政统计通常是最准确、及时的数据来源，但是由于采用的是收付实现制，而不是核算要求的权责发生制，所以可能存在记录时间问题。

二、国际上季度国内生产总值核算的主要经验

通过研究其他国家季度 GDP 的资料来源和计算方法可以看出，国外同样存在数据缺口以及时效性和数据质量不能满足核算要求的问题。为此，各国均采取了一些实用方法来克服和降低这些问题的影响，这些方法可以作为今后中国改进和完善季度 GDP 核算工作的重要参考。

(一) OECD 成员季度国内生产总值核算方法概述

本文重点研究了经济合作与发展组织(OECD)34 个成员的季度 GDP 核算方法。与年度核算相同，OECD 成员季度 GDP 的核算方法也分为生产法、收入法和支出法。各国都要根据具体情况，寻找适合本国国情的核算方法和季节调整模型。

1. 对三种核算方法的选择

在 OECD 的 34 个成员中,31 个国家核算季度生产法 GDP 及分行业增加值;没有采用生产法的 3 个国家是冰岛、日本和美国。34 个国家均核算季度支出法 GDP 及其构成项。24 个国家核算季度收入法 GDP 或部分构成项;其余的 10 个国家不核算季度收入法 GDP 及其构成项,其中包括智利、爱沙尼亚、冰岛、以色列、韩国、墨西哥、新西兰、葡萄牙、斯洛文尼亚和土耳其(详细情况见附表 7-1)。

这 34 个国家均采用一种以上的方法来核算季度 GDP,并且这些方法通常不是完全独立的。首先,生产法、收入法和支出法 GDP 的部分构成项有时使用相同的基础数据。其次,由于数据来源缺口问题,并不总是能使用一种方法直接计算季度 GDP 的所有构成项。因此,有些构成项是作为残差得到的,如收入法中的营业盈余和支出法中的存货变动,这也是较少国家采用收入法核算季度 GDP 的原因。

2. 现价和不变价核算

在 31 个核算季度生产法 GDP 的国家中,有 28 个国家同时核算现价和不变价生产法 GDP 及分行业增加值,另有 3 个国家只核算不变价数据,它们是澳大利亚、加拿大和新西兰。所有国家都核算现价和不变价季度支出法 GDP 及其构成项,但部分国家现价和不变价构成项的详细程度有所不同。由于收入法 GDP 中部分构成项的价格属性不易测度,因此所有国家都没有核算不变价收入法 GDP 及其构成项,只核算现价数据。尽管理论上季度现价和不变价 GDP 可以独立计算,但一般只有其中一种是直接计算获得的,另一种则是利用价格指数间接得到。

3. 季节调整模型的运用

各国普遍采用的季节调整技术是将季度 GDP 序列分解为季节性、趋势、循环和不规则变化等成分,目的是在特定应用时可剔除其中的一些成分,以便更好地观察季度 GDP 序列。目前,有 32 个国家对季度 GDP 及其构成项进行季节调整,没有进行季节调整的 2 个国家为智利和土耳其。季节调整的主要方法有 X-11 ARIMA、Tramo Seats 和 X-12 ARIMA 等(详细情况见附表 7-2)。

(二) 几个主要国家的核算方法

通过研究我们发现,世界各国的季度 GDP 核算方法和资料来源有很多共同之处,但是不同国家也有各自的特点,尤其是核算体系比较完备的发达国家的经验更有参考价值。为了更为清晰地观察各国季度 GDP 核算的共性与特性,本文选取了 4 个代表性国家,较为详细地梳理了这些国家季度 GDP 核算的发布制度、核算方法和资料来源等。

1. 加拿大

加拿大季度 GDP 核算采用生产法、收入法和支出法,其中,季度生产法 GDP 由月度 GDP 加总得到,且只进行不变价核算,收入法 GDP 只进行现价核算,支出法 GDP 同时进行现价核算和不变价核算。季度数据的公布日期为季后 60 天,其后要经历若干次修订。为了有效地降低行业结构和支出构成变动对投入产出关系的影响,加拿大统计局采用了相当详细的行业分类和支出项目分类。同时,为了尽可能让相关指标与产出以及收入、支出项的覆盖范围一致,推算时经常采用多个指标加总得到的复合指标。

(1) 生产法。加拿大统计局采用生产法核算月度 GDP,并且只进行不变价核算。一般来说,货物生产行业的核算,如农业、林业、采矿业和制造业,主要依据总产出的实物量乘以基年价格,或是依据货运量,以及工业生产者价格分类指数缩减的存货变动额。在某些情况下,也会采用劳动力指标,如雇员数量和工作时间。对于公共服务领域,依据用电量和天然气销售量核算总产出。

对于交通服务业,在核算中使用了大量指标,如客货运周转量(航空、铁路、管道、水运等)、经消费者价格指数缩减的总收入、工作人员数量(出租车服务)等。信息传播业利用的指标有观众观看时间、抽样调查得到的广播广告收入、有线电视订购数量,以及邮政服务的总收入。批发和零售业用到的指标是不同商品价格指数缩减的销售额。金融、保险和房地产业使用的主要指标是总收入,以及股票交易数量,新股和新债发行数,共同基金销售额等。自有住房核算采用的指标是住房存量,住宿服务采用的指标是房屋数量和入住率,餐饮服务采用的指标是消费者价格指数缩减的销售额。对于其他大部分的非政府服务业,主要采用劳动力投入数据。在对政府提供的服务进行核算时,依据的是政府雇员数量和军人数量。

(2)支出法。年度居民消费支出是在投入产出框架中根据大量复杂的基础数据核算出来的,季度核算数则是根据年度数据和相关指标推算得到,这些指标与纳入居民消费支出范畴的货物和服务的销售额相关,大约分为130组货物和服务。推算时并未考虑中央税和地方税,用一个平均税率核算出每一组商品的销售税额,加回到居民消费支出中。居民消费支出中的服务性支出还包括为住户服务的非营利机构的经常性支出,但这些机构的季度支出数无法获得,是根据工作时间推算出来的。不变价居民消费支出通常是根据价格指数缩减得到的,但也有例外,如房租、能源和烟草的不变价数据利用直接基年估价法核算。

政府消费支出分为中央政府、省政府和地方政府消费支出。中央政府和省政府通常定期(按月度和季度)编制财政支出报表,利用这些报表,扣除转移支付、资本性支出和其他非现金支出,得到相应政府对货物和服务的季度消费支出。对于地方政府,利用雇员报酬等相关指标,在上年度地方政府支出计划调查数据的基础上推算出季度消费支出。在核算不变价政府消费支出时,其工资部分利用军队和政府雇员人数的季度数据推算;对于政府购买的非工资性货物和服务,其相关统计信息非常有限,这一部分通常用综合价格指数进行缩减,该价格指数涵盖了政府购买的主要商品。

固定资本形成总额中的固定资本分为三种:民用住宅、非住宅建筑物以及机器和设备。对于民用住宅,分为4类,依据加拿大抵押贷款和房地产公司(CMHC)的月度统计数据直接核算其季度固定资本形成总额,然后用不同的产出和投入价格指数对现价核算数进行缩减,得到不变价固定资本形成总额。对于非住宅建筑物,分为4类,利用人工和建材等相关指标,在上年度非住宅建设投资调查数据的基础上推算出季度固定资本形成总额。不变价核算则用分类的产出价格指数进行缩减。对于机器和设备,其固定资本形成总额是利用相关指标对年度投资调查结果进行外推,该指标是以国内机器设备商品的供应量为基础,数据来源是对加拿大制造商的存货、订单和运单的月度调查中得到的货运量数据,国际贸易的月度统计得到的净进口数据。不变价核算是利用相应的机器和设备价格指数(如国际贸易和生产者价格指数)缩减现价数据。

存货变动的所有相关核算(原材料和产成品、在制品)都尽可能地剔除掉持有损益。现价核算中,季度存货变动为实物量变动乘以季度平均价格;不变价核算中,季度存货变动为实物量变动乘以基年平均价格。

货物和服务进出口分为货物进出口和服务进出口。货物贸易根据月度海关统计数据核算;服务贸易根据加拿大统计局的季度调查数据核算。在不变价核算中,原材料及某些制造业商品进出口是按单位价值指数进行缩减,其他制造业商品的出口是根据生产者价格指数进行缩减,其他制造业商品的进口是按照汇率调整过的美国批发价格指数进行缩减,其他服务的进出口主要根据工资指数进行缩减。

(3) 收入法。在加拿大收入法 GDP 中,雇员报酬分为工资和薪金、军队的工资和津贴以及其他劳动收入。大多数行业的工资和薪金数据来源于对工资单数据的月度抽样调查,该抽样调查(雇佣情况、工资单和工时调查)覆盖了所有规模的公司;雇工数据的另一来源是对住户的月度抽样调查(劳工调查)。军队的工资和津贴数据来源于政府的月度财务报表。其他劳动收入是按照工资和薪金的一定比例核算的,该数据只有总数,没有分行业数。

财产和企业收入分为企业税前利润、非农场非公司制企业的净收益(含租金)、利息收入和其他投资收入、农场主的净收入,以及调整项。对于工业企业和金融企业,需要利用季度调查得到的账面利润、所得税、持有损益、投资收入等指标得到转换后的利润,并将其作为相关指标外推得到当年数据。对于银行和保险公司,季度调查数据来自其监管部门。

在固定资本消耗中,企业部门占很大部分,其核算资料来源于上述季度企业利润调查。在季度核算中,住房的折旧要按重置价格计算。由于非公司企业和政府部门没有季度资产数据,因此季度固定资本消耗利用上年的折旧率和资本存量预计数外推得到。

生产税和生产补贴按照权责发生制原则,利用适当的平均税率和补贴率在各种税基的基础上计算得到,数据来源于政府的收支资料,并按照权责发生制对其进行调整。

（4）数据发布和修订。加拿大季度 GDP 序列在季后 60 天左右发布，并按一定的修订程序进行修订。具体说来，某一季度的核算结果会在同年其他季度核算时进行修订，在之后每年公布第一季度数据时也会进行修订，除此以外在其他季度的核算中不对其修订。这种年度修订会进行四年，这之后的结果即为最终核算数。

2. 日本

日本季度只发布支出法 GDP 和收入法 GDP 中的雇员报酬数据。其中，支出法 GDP 包括 90 个支出分类，资料来源主要为各项调查，其中的价格指数资料非常全面。与年度核算相比，季度核算能够获取的资料来源比较有限。日本季度 GDP 初步核算数在季后 45 天发布；初步核实数在季后 70 天发布。

（1）支出法。季度居民消费支出核算的基础数据来源于住户支出调查——月度家庭收支调查（FIES），该调查是一项抽样调查。调查对象分为农户、非农户和单身住户。根据该调查中的各种支出类别以及每一住户类型的人口数可以得到居民消费支出的季度数据。不变价核算利用了不同的指数，该指数根据 43×5 矩阵中的现价和不变价数据计算得来，该矩阵是整个季度 GDP 核算的基础。

对于广义政府消费支出，中央政府、地方政府、社会保障基金以及公共事业的消费支出季度核算是分开进行的。一般利用年度核算数据进行推算，年度核算的数据来源是政府一般支出和专项支出、政府控制的非营利机构以及社会保障基金的财务报表。劳动者报酬的季度推算指标是雇员的数量和工资，中间消耗则是根据供应商提供货物和服务的收入构成数据，而商品和非商品销售收入则是根据销售收入构成数据。不变价政府消费支出的核算过程如下：首先计算出中央政府雇员的工资率指标，然后根据近年来考虑了雇员报酬中非工资因素的个人支出指标对其进行调整；其他货物和服务的支出则是根据特定的价格指数进行缩减，主要是批发价格指数。

为住户服务的非营利机构消费支出根据社会保险基金中的医疗支出和 FIES 中的支出构成核算。

在固定资本形成总额核算中,季度住房投资总额核算是先根据月度调查资料得到住房投资的价值,再根据平均建筑工期折算出在建工程的价值。公共住房投资核算也采用了相同的方法,只不过基础数据来自财政部。二者之差即为私人住房投资的价值。广义政府资本形成和公共企业的非住房投资也是利用在建工程价值外推得到本季度数据。私人企业的固定资本形成是根据其"企业季度报告"中资本投入的趋势推算出来的。金融机构的投资是根据预测性调查以及公司的财务报表核算得到的。农业投资的季度数据核算方法如下:农户数量乘以农户户均购买固定资产的价值,该价值来自每月的"住户经济情况调查"。同样,非公司企业对机器设备的季度投资额也是根据该类企业的数量乘以每一企业购买机器设备的价值得到,该价值来自对非公司企业的调查。非公司企业的季度建筑投资通过将建筑投资价值转化为在建工程的价值得到。不变价核算利用了不同的指数,该指数也是根据 43×5 矩阵中的现价和不变价数据计算得到的。

对于存货变动,金融机构、广义政府以及为住户服务的非营利机构被视为没有存货。而对于私人企业,则要分为公司、农场、非公司性制造和销售企业,以及其他非公司企业等进行核算。对于公司,可以从"公司制企业季度调查"中得到期初和期末存货数据;对于农场,可以根据小麦和大米的实物量及其生产者价格计算存货,其他农产品存货数则来自"农户经济情况调查";非公司性制造和销售企业的存货数据来源是"非公司企业调查";其他非公司企业的存货被视为与其他可比企业同步。公共企业食品存货数据来源是食品管理机构。对于其他政府性企业,首先根据财政预算或往年趋势预测一个年度数,再平均分配到四个季度。不变价核算利用了不同的指数,该指数也是根据 43×5 矩阵中的现价和不变价数据计算得到。

货物和服务进出口的数据来源于月度国际收支平衡表,季度数据是根据相应月度数据加总得到。商品交易的不变价核算是根据日本银行编制的价格指数进行缩减,交通和信息服务是根据公司服务价格指数进行缩减。国外对日本的直接购买则采用 CPI 进行缩减,日本对国外的直接购买根据贸易伙伴国的综合 CPI 进行缩减。

(2) 收入法。对于私人部门的大多数劳动者来说,其劳动的主要回报是工资,基础数据来源于劳动力调查,以及月度劳动统计调查的平均工资。农业、林业和渔业也采用了类似的方法,只不过基础数据来自农业部的调查。附加收入主要包括实物报酬、雇主支付的社会保险缴款以及提供的免费或有补贴的住宿的估算价值。实物报酬根据其占工资的比重推算,社会保险缴款根据社保管理机构的数据核算,免费或有补贴的住宿价值根据市场价格与雇主提供的价格之差进行核算。

营业盈余年度数是根据总产出减去中间消耗,再减去雇员报酬、固定资本消耗和生产税净额得到。对于私人非公司企业,根据季度统计调查中四个季度总产出的趋势分劈年度营业盈余,以得到季度营业盈余。对于公共企业,年度营业盈余在四个季度中平均分配即得到季度营业盈余。对于其他部门则根据调查数据得到营业盈余的季度数据。住房出租部门的营业盈余(包括实际租金和虚拟租金)是按照季度出租面积占总面积的比重计算季度营业盈余。

一般而言,固定资本消耗依据账面折旧额来核算。对于私人非金融企业来说,固定资产折旧来自公司企业季度统计调查。对于公共非金融企业以及公共部门的住房投资,将财务报表中的年度数据平均分配到四个季度。对于金融机构,固定资本消耗利用损益表计算的折旧比率与该机构的季度产出计算得到。广义政府的固定资本消耗只核算建筑物,不核算公路、水坝等,根据建筑面积乘以单位建筑面积折旧计算得到,单位建筑面积折旧来自公司制企业调查。对于非农户非公司制企业来说,固定资本消耗等于折旧率乘以在用固定资本存量。而对于农户,季度固定资本消耗等于年度固定资本消耗除以 4。

生产税净额的数据来源是政府财政收支报告。

3. 意大利

意大利季度 GDP 核算中的生产法是独立计算的,收入法和支出法不能独立计算,很多项目作为平衡项推算得到,因此 GDP 数据以生产法为准。意大利在季后 45 天公布季度 GDP 初步核算值,并在季后 70 天进行修正。

(1) 生产法。季度产出核算用到的指标主要为物量指标,例如工业生产指数,偶尔也会用到价值量指标。然后根据历史增加值占总产出的比例计算出不变价增加值，从而得到不变价中间消耗。现价中间消耗是根据中间消耗缩减指数和不变价中间消耗推算出来的，现价总产出也根据总产出缩减指数推算而来。对于某些行业，同时分别计算现价和不变价总产出，从而得出总产出缩减指数。投入产出表中列示了每一行业或每组行业中间投入产品的产出价格、进口价格以及权重构成，根据这些价格可以计算出中间投入缩减指数。产出缩减指数既反映国内生产又反映出口。

农业、林业和渔业。对 125 种农作物和 13 种畜产品建立了物量指数，用以反映农产品和畜产品的分季产出。

工业，包括采矿、制造和能源生产。工业现价总产出是用工业生产指数和适当的价格推算出来的。由于有众多的小型企业和大量的产品创新，因而需要用补充信息来修正这些指数。

建筑业。现价和不变价建筑业总产出的核算是独立进行的，二者都是以建筑投资的季度数据为基础。不变价总产出的核算是基于建筑活动的综合指标。

贸易行业。对于贸易行业，假定贸易毛利被包含在固定资产投资总额（不包括建筑物）、消费、商品出口以及加工和制造业的中间消耗中。核算总产出用到的指标就是这四项构成，并且以相关贸易毛利为权重，这些权重来自最新的投入产出表。根据以上四项构成的不变价核算结果再算出贸易行业的不变价总产出。

交通运输与通信业。铁路运输业的数据来源是国有铁路客货运数据。由于缺少分季或分月数据，公路交通用的基础数据是高速公路交通统计的货车数据以及柴油燃料的价格。对于水运和航空运输业，要根据收入或数量（如乘客人数）区分"国外"和"国内"核算。通信业的数据来源是邮局的业务量以及国有电话公司的营业额。

信贷和保险业。总产出有一部分是直接计算的，还一部分是间接计算的。对于前者，不变价总产出根据这些行业的雇佣数据得出，现价总产出根据国内需求价格指数得出，该指数是由 CPI 和批发价格指数加权得来的。间接计算的总产出是通过金融机构的利息收入和利息支出之差核算的，该数据来自中央银行，再用一个专门的缩减指数得到不变价总产出。

商务服务业。主要的不变价产出指标为不同服务行业的雇工数据。再用 CPI 中相应的价格指数得到现价总产出,也会用到一些公证机构提供的数据。

政府和非市场服务业。政府服务业的增加值等于政府的工资成本加政府固定资本消耗。工资成本来自不同的政府管理机构,固定资本消耗是根据季度趋势核算出来的。其他非市场服务的增加值核算用的是分季人均工资以及劳动力调查中的雇工数据。

(2) 支出法。居民消费支出季度核算分四个消费类别进行:耐用品(7 个子类别),半耐用品(10 个子类别),非耐用品(19 个子类别)和服务(14 个子类别)。核算居民食品和半耐用品消费支出的主要数据来源是每季度开展一次的居民预算调查,这两项支出占了居民消费支出的 75%。由于其他类支出更具多样性,因此需要利用更加详细的指标来核算,如烟草、医护服务、运输设备、燃料和润滑剂、运输服务、通信、住宿和餐饮。用到的相关指标包括烟草销售额、诊所的数据、机动车登记资料、机动车燃料销售额、乘客数量、邮局提供的数据和宾馆的入住资料。不变价核算中用到的缩减指数是 CPI 中相应的价格指数。

政府消费支出等于广义政府的增加值加中间消耗再减去销售收入。在前文生产法 GDP 核算中已经描述了增加值的核算方法。通过核算中央政府、地方政府机构以及地方医疗机构在提供非市场服务的过程中使用的货物和服务的价值,可以得出中间消耗。数据来源是核算政府部门工资成本时所用到的财务报告。销售收入则包括学校收取的费用、销售商品收入(如疫苗)、博物馆门票收入等。数据来源同样是政府的财务报告。核算不变价政府消费支出的缩减指数是批发价格指数和消费价格指数的平均值。

为住户服务的非营利机构消费支出包括在政府消费支出中。

固定资本形成总额分 13 组行业进行核算,先得到现价,再缩减得到不变价。核算中用到了各种方法——有的行业组使用趋势法;有的行业组,可以分别获得国内生产、出口和进口的季度数据。机动车行业利用季度指数进行核算,该指数根据不同类型机动车登记与交付使用资料加权计算得到。建筑业利用某些生产指数与建材和人工指数的加权平均数来核算。对于国内生产核算采用的是营业额指数,而不是工业生产指数,前者能够更好地反映技术创新和产成品的库存变动的影响。

存货变动和统计误差是一个余项,其现价和不变价数都是根据生产法GDP加进口减去支出法GDP的其他构成项得到的。由于这个数是余项,需要对其发展趋势、与其他总量的关系以及内含价格指数进行重点分析。

对于货物进出口贸易,利用月度贸易统计数据得出单一的货物进出口季度指标。对于服务进出口贸易,数据来源于国际收支平衡表。货物进出口不变价核算利用的缩减指数是帕氏价格指数;服务进口的缩减指数是意大利主要进口国的加权平均汇率,服务出口的缩减指数根据海运和空运的消费者价格指数计算出来。

(3)收入法。季度收入法只计算雇员报酬这一项。方法是分别计算工资总额和社会保险缴款。工资总额利用重点行业的实际收入和其他行业的工资计算。社会保险缴款则是根据社会保险缴款率计算。

营业盈余和生产税净额没有进行季度核算。

(4)数据修订。意大利每个季度都会对数据进行修订。每当核算一个新的季度数据时,都会对当年以及之前两年的数据进行修订。核算当年最后一个季度的数据时则会对最近五年的历史数据进行修订。

4. 德国

德国的季度现价 GDP 按生产法、收入法和支出法三种方法核算,不变价 GDP 按生产法和支出法两种方法核算。其中,生产法和支出法 GDP 是独立进行核算的,并且从最细的构成项目开始,最后加总得到 GDP 数据。为了防止原始数据受到干扰,初步核算的第一阶段不使用任何调整程序。工业生产指数因其行业分类详细、时效性好而成为核算工业增加值的首选指标。德国一般在季后 55 天内发布详细的现价和链式指数形式的不变价季度 GDP 数据。

(1)核算方法。与年度核算类似,德国季度 GDP 是基于两种独立的方法核算,即生产法和支出法。由于难以获得充分的企业家收入信息,营业盈余无法核算,因而收入法作为第三种方法只能核算部分内容。生产法和支出法在很大程度上是相互独立的,因此可以有效地进行相互对比。然而,在使用相同指标的地方，需要进一步衔接以避免计算结果存在不必要的差距，例如，建筑业统计数据既是核算固定资本形成总额的基础，也是核算建筑业增加值的基础。

季度 GDP 主要是利用相关指标外推法来核算的，并且与最终的年度 GDP 完全衔接。按照不同的核算步骤，分为短期季度核算和基准化后的季度核算。生产法 GDP 和支出法 GDP 核算都是从详细分类开始的，也就是所谓的自下而上的方法。这意味着即使是季度 GDP 的初步核算数，也不会直接利用 GDP 时间序列或其他解释性的外生变量来核算。只有在特殊情况下，专项统计中的绝对额数据才会被直接用于 GDP 核算（例如政府最终消费支出的计算）。在外推过程中，核算变量主要通过上年相应季度的原始值乘以合适指标的变化率来确定。计算公式为：

$$W(t) = W(t-1) \times [\text{Ind}(t) \div \text{Ind}(t-1)]$$

在季度核算中，一个特别之处是 FISIM 的计算。德国采用一种特殊的计算模型，完全作为一个单独的部分来计算 FISIM，之后将其加到给定的不含 FISIM 的计算结果中。

在不变价核算中，德国采用了混合的计算方法，这在很大程度上由具体的基础数据所决定。例如，一些情况下，利用经价格调整的名义指标（如营业额）进行外推；另一些情况下，先进行外推（如使用生产指数），再利用价格指数转化为名义变量。所有核算结果的一个共同特征是现价的与不变价的核算数紧密结合，并且核算程序通常由相同的专家实施，这就确保了名义的和价格调整后的数据以及隐含价格指数的匹配性。

另一个特征是，在第一阶段先核算未经调整的原始值，第二阶段再进行季节和日历调整，这主要适用于生产法和支出法核算以及 GDP 的调整。采用这种方法具有合理性，因为只有这样，原始值才是真正独立的，而不是通过数学方法由季节和日历调整程序确定，并且此后不同调整方法的效果才能清楚呈现。

目前，德国的季度核算没有使用投入产出核算工具，即完整的供给使用表还得不到。与投入产出核算的衔接只在年度核算实施。但是季度核算中使用了产品流量法。例如，国内机器和设备的固定资本形成总额是在非常精细的产品水平上核算的,作为产品供给(生产加进口)与出口之差。

(2) 资料来源。德国国民核算并不单独收集数据。国民核算中使用了官方的和为数不多的非官方基础统计数据。对于月度统计,有生产指数以及采矿和制造业月度报告;对于季度统计,有财政统计数据;对于年度统计,数据来源于生产性行业成本结构调查,以及采矿和制造业企业投资调查;对于跨年度数据,有营业税统计数据。很多重要的基础数据来源于行政记录,例如各州的收入和支出、社会和劳动力管理机构的收入和就业人员数据,以及机动车的许可证资料。

在德国的统计体系中,没有基础数据可以直接核算季度增加值,这也是不得不使用间接法的原因。季度核算数据大概在季后55天公布,官方最早的短期经济指标数据(居民消费价格指数、生产指数和订单接收指数)及其详细分类可以在月后一个月获得。迄今为止,最重要的月度指标是采矿业、制造业和能源供应业的生产指数。作为国民核算的第一个假设,采矿业、制造业和能源供应业的不变价增加值利用生产指数的变化率计算得到。

三、中国现行季度国内生产总值核算方法及存在的问题

中国季度 GDP 核算始于 1992 年,经过 20 多年的努力,核算方法不断完善,数据质量逐步提高,并且逐渐规范了发布程序。但是,中国经济和社会的发展对季度 GDP 核算提出了更高的要求,同时,与发达国家相比,我国的季度 GDP 核算仍存在一些差距,在某些方面仍无法满足宏观经济管理和社会各界的需要。

(一) 中国现行的季度 GDP 核算方法

目前,中国的季度 GDP 核算是以生产核算为主,季度 GDP 使用核算仍处于试算阶段,季度仅公布 GDP 生产核算数据。

1. 分类体系

在现行的季度 GDP 核算中,行业划分依据中国国民经济行业分类标准和

三次产业划分标准,并采用两种分类方式。

第一种分类是国民经济行业分类,目前采用2011年颁布的《国民经济行业分类(GB/T 4754—2011)》。在不变价核算中采用两级分类。第一级分类以国民经济行业分类中的门类为基础,分为农、林、牧、渔业,工业,建筑业,批发和零售业,交通运输、仓储和邮政业,住宿和餐饮业,金融业,房地产业,其他服务业等9个行业。其中工业包含采矿业,制造业,电力、热力、燃气及水生产和供应业3个门类行业;其他服务业包含信息传输、软件和信息技术服务业,租赁和商务服务业,科学研究和技术服务业,水利、环境和公共设施管理业,居民服务、修理和其他服务业,教育,卫生和社会工作,文化、体育和娱乐业,公共管理、社会保障和社会组织等9个门类行业。第二级分类在第一级分类的基础上,将国民经济行业分类中的一部分门类细化为行业大类。

第二种分类是三次产业分类,依据国家统计局2012年制定的《三次产业划分规定》,分为第一产业、第二产业和第三产业。第一产业是指农、林、牧、渔业(不含农、林、牧、渔服务业);第二产业是指采矿业(不含开采辅助活动),制造业(不含金属制品、机械和设备修理业),电力、热力、燃气及水生产和供应业,建筑业;第三产业即服务业,是指除第一产业、第二产业以外的其他行业(剔除国际组织)。

2. 主要资料来源

在季度GDP核算中,将所有可以在核算时获得的、适用的经济统计调查数据都用于GDP核算。资料来源主要包括两部分:一是国家统计调查资料,指由国家统计系统实施的统计调查获得的各种统计调查资料,如农林牧渔业、工业、建筑业、批发和零售业、住宿和餐饮业、房地产业、规模以上服务业等统计调查资料、人口与劳动工资统计资料、价格统计资料等。二是行政管理部门的行政记录资料,主要包括财政部、中国人民银行、税务总局、中国保监会、中国证监会等行政管理部门的相关数据,例如人民银行的金融机构本外币信贷收支情况、税务总局分行业的税收资料等。

3. 核算方法

(1) 现价增加值核算方法。根据资料来源情况,季度现价增加值核算主要采用增加值率法、相关价值量指标速度推算法,以及利用不变价推算现价等方法。

增加值率法是先计算现价总产出,再根据上年年报资料和当期有关生产情况确定现价增加值率,然后将二者相乘得出增加值,计算公式为:

$$现价增加值＝现价总产出 \times 现价增加值率$$

相关价值量指标速度推算法是利用相关价值量指标的现价增长速度推算现价增加值的增长速度,然后用上年同期现价增加值乘以推算出的现价增加值增长速度得出当期现价增加值,计算公式为:

$$现价增加值＝上年同期现价增加值 \times (1＋现价增加值增长速度)$$

其中,现价增加值增长速度根据本期相关价值量指标现价增长速度,以及以前年度现价增加值增长速度和相关价值量指标的现价增长速度之间的数量关系确定。

利用不变价推算现价方法是先利用物量指数外推法求得本期不变价增加值,再根据相关价格指数推算现价增加值。计算公式为:

$$现价增加值＝不变价增加值 \times 价格指数$$

（2）不变价增加值核算方法。不变价增加值核算方法是把按当期价格计算的增加值换算成按某个固定期（基期）价格计算的价值,从而剔除价格变化因素的影响,以使不同时期的价值可以比较。不变价增加值采用固定基期方法计算,目前每 5 年更换一次基期。季度不变价增加值核算主要采用价格指数缩减法和相关物量指数外推法。

价格指数缩减法是利用相关价格指数直接缩减现价增加值来计算不变价增加值,计算公式为:

$$某行业不变价增加值＝该行业现价增加值 \div 价格指数$$

物量指数外推法是利用相关物量指标的增长速度推算不变价增加值的增长速度,然后用上年同期不变价增加值和推算出的不变价增加值增长速度计算得出当期不变价增加值,计算公式为:

$$某行业不变价增加值＝该行业上年同期不变价增加值 \times (1＋该行业不变价增加值增长速度)$$

其中,不变价增加值增长速度根据本期相关物量指标增长速度,以及以前年度不变价增加值增长速度和相关物量指标的增长速度之间的数量关系确定。

4. 季节调整

GDP 环比增长速度是季度增加值与上一个季度增加值数据对比的结果。在测算时须剔除季节性因素对时间序列的影响,利用国家统计局版季节调整软件(NBS-SA)对时间序列进行季节调整。NBS-SA 是在目前国际上比较常用的季节调整软件的基础上,考虑了中国特有的季节因素研制而成的。该软件添加了处理中国特有的季节因素的新模块,有效地剔除了中国特有的季节因素,包括春节、端午节、中秋节等移动假日因素、周工作天数从原来的 6 天制到 5 天制转变的因素、假期变动及调休带来的变化因素等。

5. 数据修订

(1) 修订目的。季度 GDP 初步核算对时效性要求很强,一般在季后 15 天左右公布,这时 GDP 核算所需要的基础资料不能全部获得,因此季度 GDP 初步核算利用专业统计进度资料和相关指标推算得到。之后,随着可以获得的基础资料不断增加和完善,会利用更加完整的基础资料,例如专业统计年报、行业财务资料和财政决算资料,对 GDP 数据进行修订,使其更加准确地反映经济发展实际情况。

(2) 修订程序。原有的 GDP 核算和数据发布制度规定,季度 GDP 核算分为初步核算、初步核实和最终核实三个步骤。2017 年,为更好地服务宏观决策和适应社会需求,避免数据多次修订给使用者带来的不便,国家统计局对 GDP 核算和数据发布制度进行了精简改革,由初步核算、初步核实和最终核实三个步骤调整为初步核算和最终核实两个步骤,并按规定发布。通常,在年度 GDP 最终核实后,要对季度数据进行修订,称为常规修订;在开展全国经济普查,发现对 GDP 数据有较大影响的新的基础资料,或计算方法及分类标准发生变化而对年度 GDP 历史数据进行修订后,也要对季度 GDP 历史数据进行相应修订,称为全面修订。

(3) 修订方法。

当季数据的修订。中国目前对季度 GDP 数据修订的方法是比例衔接法,即利用年度基准值与年内四个季度汇总数的差率调整季度数据的方法。比例衔接法的基本做法是：首先对国民经济各行业现价增加值进行衔接，现价 GDP 和现价三次产业增加值是衔接后的行业现价增加值的加总。不变价 GDP 和不变价三次产业增加值的衔接方法与现价相同。

环比数据的修订。由于季节调整的对象是时间序列数据，因此，当时间序列中任何一个季度数据发生变化时，都会影响季节调整的结果；在时间序列中加入最新的一个季度的数据，也会使以前季度的环比数据或多或少地发生变化，这是模型自动修正的结果。根据季节调整原理，一般情况下，离最新数据时间较近的时期，数据受影响较大；离最新数据时间较远的时期，数据受影响较小。为便于用户使用，在发布当期环比数据的同时，会通过国家统计局网站发布修订后的以前季度的环比数据。

6. 数据质量评估

（1）对基础数据的评估。对于 GDP 核算所使用的各专业统计数据和行政记录数据，有关部门都会对其质量进行检验，确保数据合理反映经济发展实际情况。当 GDP 核算部门得到这些基础数据后，会再次对数据的完整性和准确性进行检验，确保这些数据符合 GDP 核算的概念和要求。

（2）对核算方法的评估。在 GDP 核算中，GDP 核算部门会根据不断发展的中国经济实际情况，依据不断完善的国民经济核算标准，对中国的季度 GDP 核算方法进行修订，以确保核算方法的合理性。2017 年，国家统计局颁布了国民经济核算新的国家标准，即《中国国民经济核算体系（2016）》。

（3）对核算结果的评估。在得到季度 GDP 核算结果后，要对 GDP 各构成项目数据、GDP 数据与相关专业、部门统计数据以及其他宏观数据的协调性进行检验，保证 GDP 数据和其他主要数据的相互协调和匹配。我国正在建立以国民经济核算为核心框架，对各专业和部门基础统计数据进行评估的制度。

（二）中国季度 GDP 核算存在的主要问题

与发达国家相比，中国季度 GDP 核算的基础资料相对匮乏，计算方法比较单一，并且对时效性要求很高。中国现行的季度 GDP 核算还面临着一些问题和挑战,因此,借鉴国外季度GDP核算的先进经验,对改进中国季度GDP核算工作有着十分重要的意义。

1. 季度支出法GDP核算尚需完善,核算结果未对外公布

目前,中国尚未正式公布季度支出法GDP核算结果,主要是由于季度支出法GDP核算还不够完善,仍存在一些困难和问题。季度支出法GDP中的居民消费支出、政府消费支出、固定资本形成总额、存货变动以及进、出口核算,都需要大量的基础数据,但是受部分基础数据质量不高、缺口较大、时效性不够等因素的制约,季度支出法GDP数据质量仍有较大的提升空间。

2. 增加值核算的基础资料存在缺口,影响了数据的准确性和详细程度

由于季度GDP核算的资料来源明显少于年度GDP核算,因而国际上普遍采用了相关指标推算的方法。中国季度GDP核算的时效性较强,数据核算和发布时间较早,因此金融业等部分行业增加值核算所能选用的代表性指标十分有限,目前只能获取少量的季度(月度)业务指标。用这些业务指标作为代表性指标来推算增加值会加大季度GDP核算的误差,并且难以在较细的行业层面进行核算,亟需对这些指标进行补充和完善。

3. 行政管理部门提供的基础数据不能完全满足季度GDP核算的需要

从国外的经验来看,利用行政记录数据可以降低调查成本、保证时效性,因而各国季度GDP核算使用了大量的行政记录数据,如税务部门的资料、各行政管理部门的许可证资料、行业协会的资料等。但是,中国财政、工商、税务、交通运输、教育、卫生、央行等各个部门的统计制度方法自成体系,报送时间不一致,难以形成有效的、一体化的政府统计体系。中国虽然已经建立了标准的国民经济行业分类和产品分类,但是仍然有一些部门未照此执行。这些部门统计资料因口径、范围、分类等不同而无法直接加以利用,是对统计资源的一种浪费,同时也是造成季度GDP核算分类较粗的重要原因之一。

4. 缺少一个及时、可靠的供给使用框架

在我们所研究的发达国家中,绝大部分国家核算季度生产法GDP及分行业增加值;所有国家均核算季度支出法GDP及其构成项;部分国家核算季度收入法GDP及雇员报酬、生产税净额、固定资产折旧、营业盈余这四个或部分构

成项。我们的研究还发现,所有同时采用三种方法核算 GDP 的国家都是在供给使用框架下核算季度 GDP 的。与它们相比,中国没有一个逐年编制的投入产出表,供给使用表的编制还处于研究阶段。目前,中国在尾数逢 2、逢 7 的年份,每五年编制一次投入产出基本表;在尾数逢 0、逢 5 的年份,每五年编制一次投入产出延长表。因此,不论对年度 GDP 核算还是对季度 GDP 核算,供给使用表和投入产出表的框架作用都没能充分发挥,不利于平衡采用三种方法计算的 GDP,也不利于对基础资料的数据质量和相关指标的协调性进行检验。

四、中国季度国内生产总值核算方法改革研究

为与国际标准和通行做法保持一致,国家统计局于 2015 年实施了分季 GDP 核算改革,我们对这一改革的有关情况进行了梳理,以期为后续的季度 GDP 核算改进工作积累经验。同时,为进一步提高中国季度 GDP 核算水平,我们借鉴国外的做法,并结合中国的实际,对改进和完善季度 GDP 核算工作进行了探索,提出了改进设想。

(一)实施分季 GDP 核算改革

1. 分季 GDP 核算改革的背景

中国从 1992 年开始建立季度 GDP 核算制度以来,一直采用的是累计核算的方式,没有建立分季核算制度,即核算期分别为 1 季度、上半年、1—3 季度和全年,对外公布的 GDP 及三次产业增加值是每个核算期的累计数。计算当季数只能采用倒减法,即当季累计数减上季累计数(如 1—3 季度累计数减上半年累计数的结果作为 3 季度数)。由于倒减法得到的当季 GDP 与其实际值存在一定误差,不利于对季度 GDP 进行季节调整和计算环比增长率,因此难以准确反映季节波动的真实情况。

近年来,特别是 2008 年国际金融危机爆发以来,社会各界对统计数据提出了更高的要求,希望统计数据能够更灵敏地反映宏观经济的短期变化。同时,采用分季核算也是国际上季度 GDP 核算的通行做法。为此,我们对分季 GDP

核算方法进行了认真研究,按分季方法测算并修订了季度 GDP 历史数据,从 2015 年第三季度开始正式采用分季方式核算并发布 GDP。

2. 分季 GDP 核算改革的意义

(1) 可以更加灵敏准确地反映经济的短期波动。季度 GDP 核算有累计核算和分季核算两种方式,与累计核算方式相比,分季核算方式核算的 GDP 数据能够更准确地衡量当季的经济活动,据此计算的 GDP 环比增长速度数据能够更灵敏地捕捉经济的短期波动信息,为宏观调控和决策提供更好的信息支撑。

(2) 有利于提高中国季度核算数据的国际可比性。主要发达国家的季度 GDP 数据通常都是采用分季方式核算的。国际货币基金组织(IMF)制定的数据公布特殊标准(SDDS)也要求成员国公布分季 GDP 核算数据。实行分季 GDP 核算改革,将使中国季度 GDP 核算与国际标准进一步接轨,为中国采纳 SDDS 创造条件。中国从 2015 年 10 月开始正式采纳 SDDS,按照 SDDS 标准公布分季 GDP 等相关统计数据。

3. 分季 GDP 核算方法

各行业增加值的分季核算方法与累计核算方法基本一致。按照改革后的我国 GDP 核算和数据发布制度规定,分季 GDP 核算分为初步核算和最终核实两个步骤。在季度 GDP 初步核算时,现价核算主要采用增加值率法、相关价值量指标速度推算法、利用不变价推算现价等方法;不变价核算主要采用价格指数缩减法和相关物量指数外推法,并且采用固定基期的方法计算,每 5 年更换一次基期。在年度 GDP 最终核实后,要对季度数据进行修订;在开展全国经济普查,发现对 GDP 数据有较大影响的新的基础资料,或计算方法及分类标准发生变化后而对年度 GDP 历史数据进行修订后,也要对季度 GDP 历史数据进行相应修订。目前,对季度 GDP 数据修订的方法是比例衔接法,即利用年度基准值与年内四个季度汇总数的差率调整季度数据的方法。

分季 GDP 核算与累计 GDP 核算的主要差别在于对基础数据的处理和使用。累计核算所依据的专业基础数据为累计数据,在以累计为基础的统计调查中,累计数据通常含有对前面季度中出现的遗漏、重复及误报的调整,因而通过两个相邻季度累计 GDP 相减得到的当季数据难以准确反映当季实际情况。而分季核算所依据的专业基础数据为分季数据,目前,部分专业调查制度以分月、分季统计为基础,在核算时可以直接利用分季基础数据;部分专业的调查制度仍然以累计统计为基础,在进行分季核算时需要先将累计统计数据调整为分季数据,在调整时,需要考虑各个季度的实际发展情况,使得调整后的数据增速与总量匹配,当季与累计衔接,各季度间的总量比例基本合理,据此计算出的分季GDP核算结果也更能合理地反映各行业发展情况。

4. 分季核算和累计核算结果的对比

与累计核算的结果相比,按照分季GDP核算方法核算的各季度GDP数据主要呈现如下特点。

(1) 各季度GDP总量数据更为协调,各季占全年比重更加合理。采用分季核算方法后,不影响全年GDP总量,但当年4个季度的GDP总量均有所变化,各年第一、二、三季度的GDP总量均有所增加,第四季度GDP总量有所减少。与累计倒减的季度GDP总量相比,分季核算的季度GDP总量在季度间的比重更为合理。在累计核算中,各年第四季度的GDP总量偏大,与中国经济的实际运行情况有一定偏差,没有准确地反映当季经济活动情况。分季核算结果可以更合理地衡量各季度的生产活动成果,更准确地反映各年季度间的变化。

(2) 季度GDP增速与累计核算的结果变化不大。采用分季核算方法计算的季度GDP不变价增速,与累计倒减的季度GDP增速变化不大。累计核算改为分季核算后,所使用的基础数据在总量上会有一定的变化,但用于计算同比速度的上年同期数也做了同样调整,因此利用这些基础数据核算出的各季度GDP的绝对额有所变化,而速度则变化不大。1992年以来的各季度GDP不变价同比增速平均变化在0.1个百分点左右,但分行业增加值的同比增速有不同程度的变化。

(3) 各季度的三次产业结构更为合理。与累计核算相比,采用分季GDP核算方法后,各季度GDP及三次产业增加值的绝对额有所变化,相应的三次产业结构也有所变化。其中,各年一季度的一产、二产比重有所下降,三产比重有所提高,这更符合中国农业、建筑业和工业生产的季节性特点。分季核算的三次产业结构以及各行业增加值占比更加合理,能更好地反映不同产业和不同行业的季节差异。

（二）中国季度GDP核算的改进设想

为了更加全面、准确、客观地反映中国经济短期发展变化情况，针对季度GDP核算中存在的主要问题，现提出如下改进设想。

1. 建立健全专业统计制度方法

（1）推进建立以分季或分月为基础的专业统计调查制度。目前，分季核算所依据的部分专业基础数据仍然是建立在累计调查的基础上，还不是真正的分季数据。今后，应逐步改革传统的以累计为基础的专业统计调查制度，建立以分季或分月为基础的专业统计调查制度，为分季GDP核算提供规范的基础数据。

（2）建立专业统计定期报表综合数据修订制度。为了与分季GDP核算改革相配套，各专业（包括农业、工业、建筑业、批发和零售业、住宿和餐饮业、房地产业、劳动工资统计、服务业等）也应建立与分季GDP核算相配套的专业统计定报综合数据修订制度，根据年报数据对各季度基础数据进行修订，确保修订后的年内4个季度总量数据之和等于年度数据，季度增速与年度增速数据相衔接，年内4个季度之间的总量数据分配反映实际情况。

2. 改进季度GDP核算方法

（1）加强对代表性指标的选取。在季度初步核算时，许多行业增加值采取间接测算的方法，利用能够反映行业发展的一些指标以及年度增加值和相关指标的关系来推算相应行业的增加值。近年来，我们不断加强对用于核算的行业代表性指标的选取，对近年来新出现的一些反映行业运行情况的指标，如社会融资规模等进行了认真评估，并将该指标作为判断金融业发展情况的重要依据。但由于基础资料的限制，所选取的行业相关指标有时难以全面反映行业发展情况。今后将继续完善季度增加值核算方法，对部分行业甄选更具代表性的指标，使核算结果更准确地反映这些行业的发展变化。

（2）研究改进季度数据基准化方法。中国目前对季度GDP数据修订的方法是比例衔接法，即利用年度基准值与年内四个季度汇总数的差率调整季度数据的方法。下一步,将加强对国际通用的 Denton 比例法等季度数据基准化方法的研究,利用季度专业基础数据对增加值进行基准化,使得各季度的总量数据更为协调。

3. 加强各行业行政管理部门和行业协会的统计力量

季度 GDP 核算不仅需要统计部门的调查数据,还需要财政、工商、税务、交通运输、教育、卫生、央行等各个部门提供的统计数据,是各部门的统计成果。一提"统计"就想到统计局,这是个误区,政府统计不仅仅是统计局的事情。从先进国家的经验来看,政府统计体系不仅包括统计局系统,还包括统计局以外的行政管理部门及行业协会的统计机构,如美国 70 多个联邦政府部门设有专门的统计机构,英国 80% 的统计工作项目由统计局以外的政府部门负责。因此,中国应大力加强各行政管理部门的统计力量,建立、健全各部门的专职统计机构,负责本行业、本部门的统计工作;各行业协会也应加强统计工作,要有专门的统计机构和统计人员。

4. 积极开展编制供给使用表的研究工作

对于生产法和支出法季度 GDP 核算,应尽可能利用相同的或相关联的基础数据,并且充分发挥供给使用表和投入产出表的框架作用,当存在数据缺口或部分数据质量难以把握时,可以利用产品流量法来推算、验证和修订数据。为此,应深入研究和编制现价和不变价供给使用表,发挥它们在季度 GDP 核算中的协调作用,以之来检验来自不同渠道统计数据的一致性和匹配性,并适时发布季度支出法 GDP 及其构成项数据,满足社会需要。

参 考 文 献

[1] Australian Bureau of Statistics. Australian System of National Accounts: Concepts, Sources and Methods. 2000.

[2] BEA. Concepts and Methods of the U.S. National Income and Product Accounts. 2009.

[3] Carol A. Robbins, Thomas F. Howells, Wendy Li. Experimental

Quarterly U. S. Gross Domestic Product by Industry Statistics. 2010.

[4] Compiling Annual and Quarterly National Accounts Main Aggregates for the European Union and the Euro Area.

[5] European Communities. Handbook on Price and Volume Measures in National Accounts. 2001.

[6] Eurostat. Handbook on Quarterly National Accounts. 1999.

[7] Federal Statistical Office, Wiesbaden. Quarterly National Accounts (QNA) in Germany-Methods and Data Sources Final Report. 2008.

[8] IMF. Quarterly National Accounts Manual-Concepts, Data Sources, and Compilation. 2001.

[9] Istat. Quarterly National Accounts Inventory-Sources and Methods of Italian Quarterly National Accounts. 2008.

[10] Mary L. Streetwise. A Primer on BEA's Industry Accounts. 2009.

[11] OECD/ADB/ESCAP Workshop on Quarterly National Accounts. Compilation of Quarterly Gross Domestic Product: The Australian approach. 2002.

[12] OECD/ADB/ESCAP Workshop on Quarterly National Accounts. Data Sources Used to Compile Quarterly GDP Estimates-Experience of India. 2002.

[13] OECD/ADB/ESCAP Workshop on Quarterly National Accounts. Estimating Quarterly GDP From the Production Approach-OECD Country Practices. 2002.

[14] OECD. Quarterly National Accounts: Sources and Methods used by OECD Member Countries. 1996.

[15] OECD. Quarterly National Accounts. Volume 2010/2.

[16] Statistics Canada. Gross Domestic Product by Industry-Sources and Methods. 2002.

[17] Statistics Canada. Gross Domestic Product by Industry-Sources and

Methods with Industry Details. 2006.

[18] Survey of Current Business. Updated Summary of NIPA Methodologies. 2009.

[19] 中国国家统计局国民经济核算司,经济合作与发展组织统计局国民账户与金融统计司.国民经济核算方法问题研究(第八辑).2005.

[20] 中国国家统计局国民经济核算司,经济合作与发展组织统计局国民账户与金融统计司.国民经济核算方法问题研究(第十一辑).2008.

附表 7.1 OECD 成员季度 GDP 核算方法

国家	生产法		支出法		收入法
	现价	不变价	现价	不变价	现价
澳大利亚		√	√	√	√
奥地利	√	√	√	√	√
比利时	√	√	√	√	
加拿大		√	√	√	
智利	√	√	√	√	
捷克共和国	√	√	√	√	√
丹麦	√	√	√	√	
爱沙尼亚	√	√	√	√	
芬兰	√	√	√	√	√
法国	√	√	√	√	
德国	√	√	√	√	
希腊	√	√	√	√	√
匈牙利	√	√	√	√	√
冰岛			√	√	
爱尔兰	√	√	√	√	
以色列	√	√	√	√	
意大利	√	√	√	√	√
日本			√	√	√
韩国	√	√	√	√	
卢森堡	√	√	√	√	√
墨西哥	√	√	√	√	
荷兰	√	√	√	√	
新西兰		√	√	√	

（续表）

国家	生产法		支出法		收入法
	现价	不变价	现价	不变价	现价
挪威	√	√	√	√	√
波兰	√	√	√	√	√
葡萄牙	√	√	√	√	
斯洛文尼亚	√	√	√	√	
斯洛伐克共和国	√	√	√	√	
西班牙	√	√	√	√	
瑞典	√	√	√	√	
瑞士	√	√	√	√	
土耳其	√	√	√	√	
英国	√	√	√	√	√
美国			√	√	√
合计数	28	31	34	34	24

附表7.2 OECD成员季度GDP季节调整方法

国家	季节调整方法	国家	季节调整方法
澳大利亚	X-11 ARIMA	日本	X-12 ARIMA
奥地利	Tramo Seats	韩国	Tramo Seats
比利时	Tramo Seats	卢森堡	Tramo Seats
加拿大	X-11 ARIMA	墨西哥	X-12 ARIMA
智利	未作季节调整	荷兰	X-12 ARIMA
捷克共和国	Tramo Seats	新西兰	X-12 ARIMA
丹麦	X-12 ARIMA	挪威	X-12 ARIMA
爱沙尼亚	X-12 ARIMA	波兰	Tramo Seats
芬兰	Tramo Seats	葡萄牙	X-12 ARIMA
法国	X-11 ARIMA	斯洛文尼亚	X-12 ARIMA
德国	X-12 ARIMA	斯洛伐克共和国	Tramo Seats
希腊	采用间接法对季节变化作调整	西班牙	Tramo Seats
匈牙利	Tramo Seats	瑞典	Tramo Seats
冰岛	X-12 ARIMA	瑞士	X-12 ARIMA
爱尔兰	X-11 ARIMA	土耳其	未作季节调整
以色列	X-12 ARIMA	英国	X-12 ARIMA
意大利	Tramo Seats	美国	X-12 ARIMA

第八篇　地区生产总值核算方法改革研究

吕　峰

类似于国内生产总值的定义,地区生产总值(地区 GDP)是指一个地区的所有常住单位在一定时期内按市场价格计算的生产活动的最终成果,或者说是生产的所有最终产品和服务的总和。长期以来,中国的地区 GDP[①] 数据与国家 GDP 数据存在一定程度的差异,在有的年份差异还比较大,引起了国内外各界的广泛关注,使得地区 GDP 核算改革成为一个热点话题。本文归纳了部分发达国家地区 GDP 核算的方法,总结了中国地区 GDP 核算的现状,对中国地区 GDP 核算的改革提出了政策建议。

一、部分发达国家地区生产总值核算方法

从国外的情况来看,地区 GDP 核算主要有两种方式。一种是统一核算,即国家统一核算地区 GDP 数据,如美国、加拿大、德国等;另一种是分级核算,即国家负责核算全国 GDP,地方负责核算本地区 GDP,如日本。一般来说,采用统一核算的方式时,地区与国家的 GDP 数据是衔接的;采用分级核算的方式时,地区与国家的 GDP 数据存在程度不同的差距。

(一)美国

美国地区生产总值由美国经济分析局(BEA)统一核算。普查年度为地区

---

① 在本文谈到中国的地区 GDP 数据和地区 GDP 核算时,"地区"一词特指省、自治区、直辖市一级的行政区域,本文不讨论省级行政区以下的地区 GDP 核算。

生产总值核算的基准年度,基础资料大部分来自经济普查。非基准年度,农业、制造业增加值根据农业部和普查局资料计算,服务性行业增加值根据税收资料计算,支出数据从普查局获得。

进行地区生产总值核算时,首先要对地区生产总值核算所需的基础资料进行评估调整,使其与核算的概念、分类和口径一致。为保证地区生产总值与国内生产总值数据相衔接,美国在核算地区生产总值时采用相关指标的地区份额分劈国家分行业增加值数据。由于部分核算内容(如美国驻外使领馆的经济活动)只在国家 GDP 中反映,不在地区 GDP 中反映,因此国家数略大于地区数。

(二)加拿大

加拿大的地区 GDP 由加拿大统计局统一核算。核算方法由加拿大统计局统一制定。加拿大统计局利用统计调查和行政记录资料直接核算地区 GDP。由于采用同样的资料来源和计算方法,加拿大地区与全国 GDP 数据是完全衔接的。

(三)德国

德国实行联邦制。德国各州的生产总值核算由州国民经济核算协调小组负责,该小组由联邦统计局和各州统计局组成。协调小组的主要任务是:每年召开两次例会,讨论和制定地区生产总值核算方法,确定各州承担的核算任务,对有争议的方法或数据进行协调。每个州统计局都负责核算某些行业的增加值,由其中一个州对各州核算的行业增加值进行汇总,并反馈各州。

德国的地区生产总值核算,对于有调查数据且数据质量较高的部分,直接核算各州增加值;对于无调查数据或调查数据质量较差的部分,利用联邦增加值分劈计算各州增加值。各州与联邦生产总值完全衔接。

(四)日本

日本的情况与中国类似,采用分级核算制度。国家 GDP 核算由内阁府负责,各都道府县(相当于中国省一级)GDP 由地方负责核算。地区 GDP 的核算方法由内阁府统一制定。由于不容易搞准地区间流入流出和跨地区生产经营活动等内容,地区 GDP 汇总数据一般大于国家 GDP,近十年来的差率通常为 3%—5%。

二、中国现行地区生产总值核算方法

(一) 地区生产总值的核算模式

自 1985 年建立 GDP 核算制度以来,中国的 GDP 核算一直采用分级核算的模式,国家统计局制定 GDP 核算的制度方法并负责国家 GDP 核算,各省、自治区、直辖市统计局按照国家统计局制定的制度方法,负责本地区 GDP 核算。

从 2004 年开始,为控制地区与国家 GDP 数据差距不断扩大的趋势,国家统计局逐步建立了地区 GDP 数据联审机制和部分行业增加值统一核算机制。

联审是指国家统计局与各省、自治区、直辖市统计局的核算人员一起,对地区初步上报的 GDP 数据进行联合审核。审核的重点包括各行业增加值核算是否遵循了国家统计局规定的方法,增加值核算使用的基础数据是否与国家统计局或相关部委认定的分地区数据一致,地区 GDP 数据与本地区其他宏观指标发展趋势是否匹配等。地区 GDP 数据以联审后认定的数据为准,并由各省、自治区、直辖市统计局独立对外发布。

目前,农林牧渔业和建筑业实行统一核算模式,并分别由国家统计局农村司和投资司负责组织实施。这两个行业的增加值,包括国家数据和分地区数据,由农村司和投资司核算完成后提供给核算司,核算司将国家数据直接用于国家 GDP 核算,并将分地区数据反馈给各地区统计局,直接用于地区 GDP 核算。

农林牧渔业和建筑业以外的其他行业的增加值核算则仍采用分级核算模式,国家数据由国家统计局核算司负责核算,分地区数据由各地区统计局核算处负责核算。如前所述,这些行业分地区增加值初步核算数据须上报国家统计局进行联审,并以联审后认定的数据为准。

(二) 地区生产总值的核算方法

同国内生产总值核算一样,地区生产总值核算也包括生产核算和使用核算两部分内容。但由于地区间的流入流出(对应于国内生产总值核算中的进出口)很难准确测算,因此地区 GDP 使用核算不是一种独立的核算方法。在实践中,地区支出法 GDP 直接等于地区 GDP 生产核算的结果,地区支出法 GDP 中的地区净流出等于地区支出法 GDP 减去最终消费支出和资本形成总额之后的差额。本文中的地区 GDP 核算都是指生产核算,不包括使用核算的内容。

地区生产总值核算基本上遵循与国内生产总值核算同样的方法,不再赘述。在进口税、铁路建设基金、证券交易印花税等项目的核算中,由于地区无法单独进行核算,需要采用分劈国家数的方法。

1. 分地区进口税的核算方法

国家 GDP 核算中的进口税包括关税以及海关代征的消费税和增值税,包括在批发业增加值中。在核算分地区进口税时,采用分劈国家数的方法,即以国家数为总控制数,利用相关指标分地区比重分摊计算分地区数据。具体方法是以国家 GDP 核算中的关税及海关代征的增值税和消费税数据为总控制数,利用各地区按境内目的地、货源地划分的商品进出口总额的比重分摊。计算公式为:

某地区关税及海关代征的增值税和消费税＝国家关税及海关代征的增值税和消费税×[(该地区进口额＋该地区出口额)÷(全国进口额＋全国出口额)]

2. 分地区铁路建设基金的核算方法

在国家 GDP 核算中,铁路建设基金包括在铁路运输业增加值中。在核算分地区铁路建设基金时,采用分劈国家数的方法,即以国家数为总控制数,利用各地区铁路运输业企业主营业务收入占全国铁路运输业企业主营业务收入合计的比重分摊。计算公式为:

某地区铁路建设基金收入＝国家铁路建设基金收入×(该地区铁路运输企业主营业务收入 ÷全国铁路运输企业主营业务收入合计)

3. 分地区证券交易印花税的核算方法

在国家 GDP 核算中,证券交易印花税包括在资本市场服务增加值中。在核算分地区证券交易印花税时,采用分劈国家数的方法,即以国家数为总控制数,利用各地区证券交易额占全国证券交易额的比重分摊计算分地区数据。计算公式为:

某地区证券交易印花税＝国家证券交易印花税×(该地区证券交易额÷全国证券交易额合计)

(三) 地区生产总值与国内生产总值的数据差距及主要原因

自 1985 年建立 GDP 核算制度以来,我国地区 GDP 与国家 GDP 数据之间一直存在差距。1996 年以前,国家 GDP 大于地区 GDP,差率基本上在 6% 以内。自 1996 年起,地区 GDP 开始大于国家 GDP,且呈逐步扩大趋势。国家统计局采取了多种措施控制差距扩大的趋势,但客观来说效果不明显。到 2004 年,地区与国家 GDP 的差率达到了 19.4%(数据修订前结果)。2004、2008 和 2013 年的三次全国经济普查后,国家统计局对国家和各地区 GDP 都进行了修订。通过修订,降低了地区与国家 GDP 差率(如 2004 年,差率由修订前的 19.3% 降低为修订后的 4.5%),但直到 2012 年,差率逐年扩大的趋势基本还是没有改变。根据普查修订后的数据,2012 年的差率是历史最高点,为 7.9%。2012 年以后,国家统计局采取多种手段努力提高基础数据质量,严格控制地区与国家 GDP 的差距,差率开始呈逐年下降趋势,到 2016 年,两者的差率下降到 4.9%。

地区 GDP 与国家 GDP 数据产生差距既有技术方面的原因,也有体制机制方面的原因。

一是分级核算制度。自 1985 年开始核算 GDP 以来,中国选择了分级核算制度,即国家统计局负责核算国家 GDP,地区统计局负责核算本地区 GDP,这种分级核算制度很容易导致地区 GDP 与国家 GDP 数据之间产生差距。

二是统计和核算的技术。最主要的技术原因有两个。一是地区之间存在重复统计。随着中国市场经济的迅速发展,企业跨地区生产经营的情况越来越多,母公司和子公司所在地有可能将这种跨地区生产经营活动同时统计在所在地区,造成重复统计。尽管统计制度做了严格的规定,不允许有重复计算,但在实际操作中没有完全达到要求。二是地区和国家在 GDP 核算中对基础数据的使用不完全一样。国家统计局在核算全国 GDP 时,为使核算结果尽可能接近实际,从各个角度评估 GDP 的主要基础数据,包括统计系统的专业数据和部门数据,对不符合实际情况或明显异常的基础数据做适当修正(绝大多数情况是向下修正)。各地区在核算 GDP 时虽然也对基础数据进行评估,但总体上看,调整幅度有限,掌握的尺度一般比国家统计局宽松。

三是地区 GDP 数据受到干扰。近年来,由于地区 GDP 广泛用于政绩考核评价,数据受干扰现象严重。有的地方党政领导对 GDP 数据非常关注,特别是对地区 GDP 总量和速度的位次看得很重,甚至要求本地区 GDP 总量和速度的位次只能前进、不能后退,导致一些地方不得不采取各种手段把 GDP 总量数据做大,把 GDP 增长速度做快;有的地方在确定 GDP 增长计划时不顾客观实际,任务层层分解,目标层层加码,诱发基层在统计数据上弄虚作假;有的地方还将统计部门作为完成经济增长目标的责任单位,甚至是第一责任单位,给地方真实统计带来巨大压力。

三、中国地区生产总值核算方法改革研究

地区生产总值与国内生产总值一直存在较大差距这种状况,不利于正确把握各地经济形势,不利于实施科学的宏观调控,也严重影响了政府统计公信力,亟待改进。

(一) 改革地区生产总值核算模式

地区与国家 GDP 数据存在差距,很重要的一个原因在于中国实行的是分级核算体制。地区 GDP 和国家 GDP 由不同的主体来核算,无法保证两个数据的衔接一致。从国际上来看,凡是地区与国家 GDP 数据衔接的国家,如前述的美国、加拿大、德国,实行的都是统一核算制度。而同中国一样实行分级核算制

度的国家,如日本、俄罗斯、越南等,地区和国家 GDP 都存在差距。因此如果要想从根本上解决地区与国家 GDP 数据差距问题,必须改革现行的分级核算模式,改为统一核算模式,即由国家统计局统一核算国家和地区 GDP。

2004 年 10 月,国务院办公厅转发《国家统计局关于改进地区 GDP 核算工作意见的通知》。通知中指出:在条件成熟时,国家对省(自治区、直辖市)的 GDP 核算全面实行"下算一级",由国家统计局直接计算各省(自治区、直辖市)的 GDP。为落实国务院文件精神,国家统计局在其后的数年间开展了大量的研究和试算工作,但由于客观条件不具备,统一核算改革一直未能真正实施。2013 年 11 月,党的十八届三中全会做出《中共中央关于全面深化改革若干重大问题的决定》。《决定》提出,要"加快建立国家统一的经济核算制度"。按照党中央、国务院的要求,国家统计局为实施统一核算改革做了大量的准备工作,制定了统一核算方案,中央全面深化改革领导小组第 36 次会议通过了这一方案,计划于第四次经济普查之后实施地区 GDP 统一核算,地区与国家 GDP 数据的差距问题也有望得到根本解决。

(二) 改进基础数据统计工作

基础数据的质量是保证 GDP 核算结果客观真实的必要条件,基础数据的质量如果不高,是没有办法得到高质量的 GDP 核算结果的。虽然分级核算模式是地区与国家 GDP 存在较大差距的根本性原因,但统计基础数据质量不高也是其中一个很重要的催化因素。

如果基础数据的质量较高,地区与国家数据完全衔接一致,即便实行分级核算体制会造成一些地区与国家 GDP 数据的差距,差距也不会过大。但在基础数据质量不高的前提下,有的指标地区数据高于国家数据,会造成某些行业增加值地区数据高于国家数据。有的指标虽然地区与国家数据衔接一致,但存在虚高的现象,不能完全反映客观实际,在这种情况下,国家统计局会对基础数据做适当地向下修正后再用于 GDP 核算,而地区核算中往往不会做这样的修正,或者修正幅度有限,这样也造成了地区与国家 GDP 数据的差异。

如果不能切实提高基础数据质量,虽然统一核算改革能够实现地区与国家

GDP 数据的衔接,但国家 GDP 数据有可能会被虚高的地区数据"绑架",也产生虚高的情况,造成国家 GDP 数据质量的下降。如果希望统一核算改革获得真正的成功,必须以切实提高基础数据质量为前提。

(三) 规范统一地区生产总值核算方法

目前,地区生产总值的核算方法是由国家统计局统一规定的,从理论上来说各地区的核算方法应该是规范统一的,但在实际操作中却不尽如此。

国家统计局对地区 GDP 数据的审核主要侧重于季度数据,包括审核基础数据和计算方法,因此季度核算方法的统一规范性基本上是可以保证的。但在年度核算中,由于核算过程非常复杂,核算内容也比较繁多,难以对地区实际使用的方法进行一一审核,因此对年度数据主要采用总量控制的方法,即不允许地区的年度数据比季度数据增加太多。这样各地区在年度核算中由于受到总量的限制,很难完全按照规定的方法进行核算。

实行统一核算改革后,总的思路将是分劈国家数据。分劈国家数据的基础是科学合理确定每个地区占全国 GDP 的份额,这就要求制定一套规范统一、科学合理、可操作性强的地区生产总值核算方法,以计算出各地区可比的生产总值初步数据,作为确定各地区份额的依据。

参 考 文 献

[1] 地区 GDP 核算的国际比较研究课题组. 地区 GDP 核算的国际比较研究[J]. 调研世界, 2011(2).

[2] 国家统计局国民经济核算司. 中国非经济普查年度国内生产总值核算方法[M]. 北京: 中国统计出版社, 2008.

[3] 国家统计局国民经济核算司. 中国经济普查年度国内生产总值核算方法[M]. 北京: 中国统计出版社, 2007.

[4] 国外地区 GDP 核算模式研究课题组. 国外地区 GDP 核算模式研究[J]. 统计研究, 2009(4).

第九篇　派生产业增加值核算方法研究

金　红

近几年,国家不断出台促进产业发展的指导意见,制定明确的产业发展目标,产业结构优化升级已经成为推动中国经济发展的重要举措。《国务院关于促进旅游业改革发展的若干意见》提出:"到2020年,旅游业增加值占国内生产总值的比重超过5%",《国务院关于加快发展体育产业促进体育消费的若干意见》指出:"到2025年,体育产业总规模超过5万亿元",《国务院关于加快科技服务业发展的若干意见》提出:"到2020年,科技服务业产业规模达到8万亿元"……为监测国务院出台的这些产业发展目标的完成情况,派生产业增加值核算应运而生。

一、派生产业定义、特点

(一) 定义

派生产业是指为满足宏观管理需要,基于特定主题,在行业分类基础上,通过组合生成的产业。

近几年,中国陆续出台了文化产业、旅游产业、体育产业、海洋产业、生产性服务业、科技服务业、战略性新兴产业、版权产业、健康产业、养老产业、中医药健康服务业、应急产业等的发展目标和规划,这些产业都属于派生产业。下面以文化及相关产业和旅游及相关产业为例详细阐述其定义。

1. 文化及相关产业

文化及相关产业是指为社会公众提供文化产品和文化相关产品的生产活动的集合。根据定义,文化及相关产业的范围包括以文化为核心内容,为直接满足人们的精神需要而进行的创作、制造、传播、展示等文化产品(包括货物和服务)的生产活动,为实现文化产品生产所必需的辅助生产活动,作为文化产品实物载体或制作(使用、传播、展示)工具的文化用品的生产活动(包括制造和销售),以及为实现文化产品生产所需专用设备的生产活动(包括制造和销售)等。

2. 旅游及相关产业

旅游及相关产业分为旅游业和旅游相关产业两大部分。旅游业是指直接为游客提供出行、住宿、餐饮、游览、购物、娱乐等服务活动的集合;旅游相关产业是指为游客出行提供旅游辅助服务和政府旅游管理服务等活动的集合。

(二) 特点

从派生产业的定义看,其特点主要有以下几方面。

1. 派生产业是对行业分类中的相关类别进行重新组合

派生产业是立足于某种特殊重要性,对国民经济行业分类的重新组合,它遵守行业分类的主产品原则,是一种派生产业部门分类。

中国目前已制定的派生产业国家标准分类的有文化及相关产业、旅游及相关产业、体育及相关产业、生产性服务业、科技服务业、战略性新兴产业、健康服务业、高技术产业等。这些派生产业的分类都是以《国民经济行业分类》(GB/T 4754—2011)为基础,根据派生产业特点,将行业分类中的相关类别进行重新组合的一种分类。

2. 派生方式多样

派生产业有多种派生方式,有从生产方派生的,例如文化及相关产业,将生产文化产品、文化服务以及生产相关产品和服务的行业归集起来;有从消费方派生的,例如旅游及相关产业,将有游客消费的行业归集起来;有从生产和消费双向派生的,例如科技服务业,不仅把开展科技活动的行业作为科技服务业,而且把为科技活动行业提供服务的行业(如为科技活动提供的会计、审计、税务等服务)也作为科技服务业;此外,还有从产品角度派生的,例如战略性新兴产业,将2410项战略性新兴产业产品和服务归集起来。

3. 产业融合度高

派生产业是立足于某种特殊重要性,对国民经济行业分类的重新组合,其中一些行业可能存在于多个派生产业中,体现出你中有我,我中有你。例如歌舞厅娱乐活动(8911)、电子游艺厅娱乐活动(8912)、游乐园(8920),这三个行业小类不仅存在于文化及相关产业中,而且也是旅游及相关产业的组成部分。

二、派生产业增加值核算方法

派生产业增加值按照国民经济核算原则进行核算,遵循SNA的有关定义、分类和核算原则。中国目前从生产角度核算派生产业增加值,具体步骤是:首先,确定核算范围,即确定派生产业核算的分类标准;其次,按照生产法和收入法测算这些行业增加值;然后,采用系数剥离法,剥离出行业中不属于该派生产业的部分;最后,将属于派生产业增加值的部分加总,得到派生产业增加值。

下面以文化及相关产业和旅游及相关产业为例,探讨中国派生产业核算方法。

(一) 确定核算范围

为准确核算派生产业增加值,首先要确定核算范围。中国目前从行业增加值的角度来核算派生产业增加值,也就是说,要制定行业分类标准和核算分类标准,用以界定哪些行业属于某派生产业核算范围。

1. 文化及相关产业

文化及相关产业增加值核算分类根据国家统计局印发的《文化及相关产业

分类（2012）》制定。《文化及相关产业分类（2012）》以《国民经济行业分类》（GB/T 4754—2011）[①]为基础，根据文化及相关生产活动的特点，将行业分类中相关的类别重新组合，是《国民经济行业分类》的派生分类。

文化及相关产业增加值核算采用两级核算分类。第一级分类按照活动特点分为文化制造业、文化批发和零售业和文化服务业三大类。第二级分类是在第一级分类的基础上，按照国民经济行业小类划分为 120 个行业小类，其中文化制造业包括 45 个行业小类，文化批发和零售业包括 20 个行业小类，文化服务业包括 55 个行业小类。在 120 个行业小类中，97 个行业小类的全部活动属于文化及相关产业活动，23 个行业小类部分活动属于文化及相关产业活动（见附表 9.1）。

2. 旅游及相关产业

旅游及相关产业增加值核算分类根据国家统计局印发的《国家旅游及相关产业统计分类（2015）》制定。《国家旅游及相关产业统计分类（2015）》以《国民经济行业分类》（GB/T 4754—2011）为基础制定，也是《国民经济行业分类》的派生分类。

旅游及相关产业增加值核算采用两级核算分类。第一级分类按照活动特点分旅游农业和渔业、旅游零售业、旅游交通运输业、旅游住宿和餐饮业、旅游金融业、其他旅游服务业等六大类。第二级分类是在第一级分类的基础上，按照国民经济行业小类划分为 85 个行业小类（中类），其中旅游农业和渔业包括 5 个行业小类（中类），旅游零售业包括 5 个行业中类，旅游交通运输业包括 16 个行业小类（中类），旅游住宿和餐饮业包括 8 个行业小类（中类），旅游金融业包括 5 个行业小类（中类），其他旅游服务业包括 46 个行业小类（中类）。在 85 个行业小类（中类）中，仅有 20 个行业小类的全部活动属于旅游及相关产业活动，其余 65 个行业小类都只有部分活动属于旅游及相关产业活动。85 个行业小类（中类），将其中的 64 个行业组合成旅游业，其余 21 个行业为旅游相关产业（见附表 9.2）。

[①] 2017 年 6 月，国家统计局颁布新的《国民经济行业分类》（GB/T 4754—2017）；2018 年 4 月，又颁布新的《文化及相关产业分类（2018）》。两个分类颁布后，文化及相关产业增加值核算分类将随之做修订。

中国旅游及相关产业核算分类比国际组织推荐的核算分类范围要大得多，不仅包括旅游特征产业，还包括旅游相关产业。多数国家根据联合国的《2008年国际旅游统计建议》和世界旅游组织的《旅游附属账户：建议的方法框架》推荐的核算分类，仅包括旅游特征产业。因此，在进行国际比较时，应使用与国际标准口径较衔接的旅游业，不含旅游相关产业。

（二）测算行业小类（中类）增加值

核算范围确定后，就要测算这些行业的增加值。增加值采用生产法或收入法核算。核算公式为：

$$增加值（生产法）＝总产出×增加值率（收入法）$$

$$增加值（收入法）＝劳动者报酬＋生产税净额＋固定资产折旧＋营业盈余$$

派生产业核算分类都是建立在国民经济行业小类或中类基础上，而中国目前只有在经济普查年度可以核算行业小类增加值，非经济普查年度受基础资料限制，只能核算大类增加值。因此，非经济普查年度要以经济普查年度核算为基础。

1. 经济普查年度核算

中国每五年开展一次全国经济普查，经济普查对从事第二产业和第三产业的法人单位、产业活动单位和个体经营户进行全面调查，为从行业小类核算增加值奠定了基础。本文以2013年开展的第三次全国经济普查为例，阐述经济普查年度行业小类增加值核算方法。

（1）联网直报企业。在联网直报企业普查资料中，有比较详细的财务统计数据，结合投入产出调查，按照收入法计算。计算公式为：

$$劳动者报酬＝应付职工薪酬＋三项费用[①]合计中属于劳动者报酬的部分$$

$$生产税净额＝营业税金及附加＋应交增值税－补贴收入＋管理费用中的税金＋三项费用合计中其他属于生产税净额的部分$$

$$固定资产折旧＝本年折旧$$

$$营业盈余＝营业利润＋补贴收入＋资产减值损失－公允价值变动收益－$$

[①] 三项费用指销售费用、管理费用和财务费用，下同。

投资收益＋三项费用合计中属于营业盈余的部分＋利息净支出×FISIM系数[①]

（2）非联网直报企业。在非联网直报企业普查资料中，与计算增加值有关的调查指标只有营业收入，无法直接计算增加值，故先利用营业收入指标计算总产出，再利用上述联网直报企业计算的增加值率代替非联网直报企业增加值率，计算非联网直报企业增加值。计算公式为：

总产出＝营业收入×（联网直报企业总产出÷联网直报企业营业收入）

增加值＝总产出×联网直报企业增加值占其总产出比重

（3）非企业单位。在非企业单位普查资料中，与计算增加值有关的调查指标只有非企业单位支出，无法直接计算增加值，需要结合常规统计中部门服务业财务年报资料计算的增加值加以核算。

增加值＝非企业单位支出×（年报中行政事业单位增加值÷年报中行政事业单位本年支出合计）

（4）个体经营户。由于个体经营户的普查资料只有行业大类的营业收入等数据，因此，首先根据基础资料核算分行业大类增加值，然后利用对应企业行业小类增加值的行业构成分劈所属行业大类个体经营户增加值，得到分行业小类的个体经营户增加值及其构成项。计算公式为：

行业大类增加值＝营业收入－经营总支出＋雇员报酬＋缴纳税费＋固定资产折旧

行业小类增加值＝行业大类增加值×对应企业行业小类增加值占行业大类增加值的比重

2. 非经济普查年度核算

与普查年度相比，非普查年度统计基础资料有限，只能核算行业大类增加值，对于行业小类增加值，要借助于普查年度核算结果，利用普查年度行业小类增加值占行业大类增加值的比重计算。

（1）联网直报企业。对于联网直报企业，在常规调查制度中有比较详细的基础资料，可以满足计算增加值的需要。计算公式为：

---

① FISIM指间接计算的金融中介服务产出。"利息净支出×FISIM系数"代表利息净支出扣除FISIM后的剩余部分，FISIM系数：制造业为6%，其他行业14%。下同。

增加值＝劳动者报酬＋生产税净额＋固定资产折旧＋营业盈余

劳动者报酬＝应付职工薪酬＋三项费用合计中属于劳动者报酬的部分

生产税净额＝营业税金及附加＋应交增值税－补贴收入＋管理费用中的税金＋三项费用合计中其他属于生产税净额的部分

固定资产折旧＝本年折旧

营业盈余＝营业利润＋补贴收入＋资产减值损失－公允价值变动收益－投资收益＋三项费用合计中属于营业盈余的部分＋利息净支出×FISIM系数

（2）非联网直报企业等其他企业、非企业单位和个体经营户。对于非联网直报企业等其他企业、非企业单位和个体经营户，由于没有详细的调查资料，无法利用收入法计算增加值，因此需要借助普查年度的相关数据，首先利用相关指标计算总产出，然后再采用普查年度增加值率计算增加值。计算公式为：

总产出＝普查年度总产出×相关指标定基发展速度

增加值＝总产出×普查年度增加值率

（3）行业小类增加值。通过基础资料计算行业大类增加值后，再根据普查年度行业小类增加值占行业大类增加值的比重计算行业小类增加值。计算公式为：

行业小类增加值＝行业大类增加值×经济普查年度对应行业小类增加值占行业大类增加值的比重

（三）剥离计算派生产业增加值

在派生产业所对应的行业小类中，有一部分行业小类只有部分活动属于该派生产业的活动，测算增加值时，应将不属于派生产业的部分剥离出去。为此，应组织开展相应的调查，通过调查计算出剥离系数。

针对文化及相关产业，中国建立了《文化及相关产业统计年报制度》；针对旅游及相关产业，中国于2015年9月组织开展了《旅游及相关产业消费结构一次性调查》。这些都为准确剥离出不属于派生产业的部分提供了可靠的依据。下面以文化及相关产业为例，阐述剥离方法。

在文化及相关产业核算分类中，有23个带"*"的行业含有部分非文化及相关产业活动,在增加值核算时需要剥离。根据文化及相关产业统计年报中从事文化及相关产业活动的企业(非企业)的营业收入(费用支出)占该行业所有企业(非企业)营业收入(费用支出)的比重,对上述23个带"*"行业中非文化及相关产业活动进行剥离。计算方法如下：

文化及相关产业联网直报法人企业增加值＝联网直报法人企业分行业小类增加值×(文化及相关产业统计年报中规模以上企业对应行业小类营业收入÷经济普查资料中联网直报企业对应行业小类营业收入)

文化及相关产业非联网直报法人企业增加值＝非联网直报法人企业分行业小类增加值×(文化及相关产业统计年报中规模以下企业对应行业小类营业收入÷经济普查资料中非联网直报企业对应行业小类营业收入)

文化及相关产业非企业单位增加值＝非企业单位分行业小类增加值×(文化及相关产业统计年报中非企业单位对应行业小类费用支出÷经济普查资料中非企业单位对应行业小类费用支出)

文化及相关产业个体户增加值＝个体经营户分行业小类增加值×(文化及相关产业企业和非企业单位对应行业小类增加值合计÷全部企业和非企业单位对应行业小类增加值合计)

(四) 汇总计算派生产业增加值

通过上述三个步骤,即可汇总得到派生产业增加值。以文化及相关产业为例,计算公式为：

文化及相关产业增加值＝文化及相关产业联网直报法人企业增加值＋文化及相关产业非联网直报法人企业增加值＋文化非企业单位增加值＋文化及相关产业个体户增加值

三、派生产业增加值核算方法存在的问题与改进探索

2014年国家统计局首次尝试按派生产业增加值核算方法计算文化及相关

产业增加值,2015年开展了旅游及相关产业增加值核算工作,2016年测算了全国体育及相关产业增加值。中国派生产业增加值核算刚刚起步,还存在一些不足之处,需要加以改进和完善。

(一) 存在的主要问题

1. 派生产业范围确定不规范

中国在确定派生产业范围方面没有统一的原则,有的是从行业和产品双重角度划定范围,例如在文化及相关产业中,文化艺术培训(8293)就是从行业角度划分的,这个行业小类全部属于文化及相关产业,而照明灯具制造(3872)这个行业小类就是从产品角度划分的,其中的装饰用灯和影视舞台灯这两种产品的制造属于文化及相关产业;有的是从生产方和需求方双重角度划定范围。例如,在科技服务业行业中,有些行业如自然科学研究和试验发展(7320)提供的是科技服务活动,有些行业如律师及相关法律服务(7221),本身不提供科技产品或服务,而是在其法律活动中有一部分为科技服务企业提供服务,这类行业也属于科技服务业。

派生产业按多重标准和原则划定范围,不仅不利于揭示派生产业本身发展的特征,而且会增加核算的难度。

2. 派生产业核算方法还不完善

中国目前派生产业增加值核算还仅限于先核算行业大类(或小类)增加值,再进行不属于派生产业的剥离,这种方法的弊端是,如果某派生产业发展态势好于其所属行业大类的发展态势,按照目前的剥离方法,就无法准确反映该派生产业发展状况。

(二) 进一步的改进探索

1. 参照国际标准,增强派生产业范围确定的规范性

为了增强派生产业范围确定的规范性,首先应改进国民经济行业分类标准,使其在行业小类层面上的经济活动尽量单一化,以满足派生产业确定范围的要求。在此基础上,确定派生产业范围应参照国际相关标准,把该派生产

特征明显、且该派生产业总产出占该行业总产出比重非常大的行业归集在一起,这样既有利于开展核算,又便于进行国际比较。

2. 根据派生方式特点,改进核算方法

对于从消费角度定义的派生产业,例如旅游及相关产业,在核算增加值时,不仅从生产角度核算,而且从消费角度也进行核算。经联合国批准的世界旅游组织提出的《旅游附属账户:建议的方法框架》,为各国建立旅游卫星账户提供了国际标准,该框架以旅游经济活动为核心,对旅游的消费和供给,相关产业的生产账户和资本形成,在同一核算准则下实行综合测量。中国旅游及相关产业增加值核算可参考这一框架体系,从旅游产品和服务的生产方和消费方等多角度核算,以提高核算数据质量。

参 考 文 献

[1] Benjamin J. Hobbs. U.S. Travel and Tourism Satellite Accounts for 1998—2014. BEA,2015.

[2] European Commission,International Monetary Fund,Organization for Economic Co-operation and Development,United Nations,World Bank. System of National Accounts (SNA),2008. New York,2009.

[3] United Nations. International Recommendations for Tourism Statistics,2008. New York,2009.

[4] United Nations,World Tourism Organization,Commission of the European Communities,Organization for Economic Co-operation and Development. Tourism Satellite Account Recommended Methodological Framework 2008. Luxembourg,Madrid,New York,Paris,2010.

[5] 国家统计局.第三次全国经济普查方案 2013[M].北京:中国统计出版社,2014.

[6] 中国旅游卫星账户项目课题组.中国旅游卫星账户编制与研究[M].北京:中国统计出版社 2010.

附表 9.1　文化及相关产业核算分类

第一级分类	第二级分类	国民经济行业分类代码
文化制造业	雕塑工艺品制造	2431
	金属工艺品制造	2432
	漆器工艺品制造	2433
	花画工艺品制造	2434
	天然植物纤维编织工艺品制造	2435
	抽纱刺绣工艺品制造	2436
	地毯、挂毯制造	2437
	珠宝首饰及有关物品制造	2438
	其他工艺美术品制造	2439
	园林、陈设艺术及其他陶瓷制品制造*	3079
	书、报刊印刷	2311
	本册印制	2312
	包装装潢及其他印刷	2319
	装订及印刷相关服务	2320
	记录媒介复制	2330
	文具制造	2411
	笔的制造	2412
	墨水、墨汁制造	2414
	中乐器制造	2421
	西乐器制造	2422
	电子乐器制造	2423
	其他乐器及零件制造	2429
	玩具制造	2450
	露天游乐场所游乐设备制造	2461
	游艺用品及室内游艺器材制造	2462
	其他娱乐用品制造	2469
	电视机制造	3951
	音响设备制造	3952
	影视录放设备制造	3953
	焰火、鞭炮产品制造	2672

（续表）

第一级分类	第二级分类	国民经济行业分类代码
文化制造业	机制纸及纸板制造*	2221
	手工纸制造	2222
	油墨及类似产品制造	2642
	颜料制造*	2643
	信息化学品制造*	2664
	照明灯具制造*	3872
	其他电子设备制造*	3990
	印刷专用设备制造	3542
	广播电视节目制作及发射设备制造	3931
	广播电视接收设备及器材制造	3932
	应用电视设备及其他广播电视设备制造	3939
	电影机械制造	3471
	幻灯及投影设备制造	3472
	照相机及器材制造	3473
	复印和胶印设备制造	3474
文化批发和零售业	图书批发	5143
	报刊批发	5144
	音像制品及电子出版物批发	5145
	图书、报刊零售	5243
	音像制品及电子出版物零售	5244
	贸易代理*	5181
	拍卖*	5182
	通讯及广播电视设备批发*	5178
	电气设备批发*	5176
	首饰、工艺品及收藏品批发	5146
	珠宝首饰零售	5245
	工艺美术品及收藏品零售	5246
	文具用品批发	5141
	文具用品零售	5241
	乐器零售	5247

(续表)

第一级分类	第二级分类	国民经济行业分类代码
文化批发和零售业	照相器材零售	5248
	家用电器批发*	5137
	家用视听设备零售	5271
	其他文化用品批发	5149
	其他文化用品零售	5249
文化服务业	新闻业	8510
	图书出版	8521
	报纸出版	8522
	期刊出版	8523
	音像制品出版	8524
	电子出版物出版	8525
	其他出版业	8529
	广播	8610
	电视	8620
	电影和影视节目制作	8630
	电影和影视节目发行	8640
	电影放映	8650
	录音制作	8660
	文艺创作与表演	8710
	艺术表演场馆	8720
	图书馆	8731
	档案馆	8732
	文物及非物质文化遗产保护	8740
	博物馆	8750
	烈士陵园、纪念馆	8760
	群众文化活动	8770
	社会人文科学研究	7350
	专业性团体（的服务）*	9421
	文化艺术培训	8293
	其他未列明教育*	8299
	其他文化艺术业	8790

(续表)

第一级分类	第二级分类	国民经济行业分类代码
文化服务业	互联网信息服务	6420
	其他电信服务*	6319
	有线广播电视传输服务	6321
	无线广播电视传输服务	6322
	卫星传输服务*	6330
	广告业	7240
	软件开发*	6510
	数字内容服务*	6591
	工程勘察设计*	7482
	专业化设计服务	7491
	公园管理	7851
	游览景区管理	7852
	野生动物保护*	7712
	野生植物保护*	7713
	歌舞厅娱乐活动	8911
	电子游艺厅娱乐活动	8912
	网吧活动	8913
	其他室内娱乐活动	8919
	游乐园	8920
	其他娱乐业	8990
	摄影扩印服务	7492
	知识产权服务*	7250
	文化娱乐经纪人	8941
	其他文化艺术经纪代理	8949
	娱乐及体育设备出租*	7121
	图书出租	7122
	音像制品出租	7123
	会议及展览服务	7292
	其他未列明商务服务业*	7299

注:带"*"行业指部分活动为文化及相关产业活动。

附表 9.2　旅游及相关产业核算分类

第一级分类	第二级分类	国民经济行业分类代码
旅游农业和渔业	蔬菜种植*	0141
	花卉种植*	0143
	其他园艺作物种植*	0149
	水果种植*	015
	内陆养殖*	0412
旅游零售业	汽车、摩托车、燃料及零配件专门零售*	526
	综合零售	521
	食品、饮料及烟草制品专门零售*	522
	纺织、服装及日用品专门零售*	523
	文化、体育用品及器材专门零售*	524
旅游交通运输业	铁路旅客运输	5310
	客运火车站	5331
	城市公共交通运输*	541
	公路旅客运输	5420
	水上旅客运输	551
	客运港口	5531
	航空旅客运输	5611
	通用航空服务*	5620
	机场	5631
	空中交通管理	5632
	旅客票务代理	5822
	其他铁路运输辅助活动*	5339
	道路运输辅助活动*	544
	其他水上运输辅助活动*	5539
	其他航空运输辅助活动*	5639
	装卸搬运*	5810
旅游住宿和餐饮业	旅游饭店	6110
	一般旅馆	6120
	其他住宿业*	6190
	正餐服务*	6210
	快餐服务*	6220
	饮料及冷饮服务*	623
	小吃服务*	6291
	餐饮配送服务*	6292

(续表)

第一级分类	第二级分类	国民经济行业分类代码
旅游金融业	货币银行服务*	6620
	其他非货币银行服务*	6639
	健康和意外保险*	6812
	财产保险*	6820
	其他未列明金融业*	6990
其他旅游服务业	汽车租赁*	7111
	其他机械与设备租赁*	7119
	干部休养所*	8411
	公园管理	7851
	游览景区管理	7852
	生态保护*	771
	游乐园	8920
	文物及非物质文化遗产保护	8740
	博物馆	8750
	宗教组织*	9440
	烈士陵园、纪念馆	8760
	会议及展览服务*	7292
	文艺创作与表演*	8710
	艺术表演场馆*	8720
	歌舞厅娱乐活动*	8911
	电子演艺厅娱乐活动*	8912
	其他室内娱乐活动*	8919
	摄影扩印服务*	7492
	体育场馆*	8820
	休闲健身活动*	8830
	洗浴服务*	7950
	保健服务*	7960
	中医医院*	8312
	中西医结合医院*	8313
	民族医院*	8314
	专科医院*	8315
	疗养院*	8316
	其他娱乐业*	8990
	旅行社服务	7271
	旅游管理服务	7272

(续表)

第一级分类	第二级分类	国民经济行业分类代码
其他旅游服务业	其他旅行社相关服务	7279
	其他未列明商务服务业*	7299
	数据处理和存储服务*	6540
	其他企业管理服务*	7219
	行业性团体*	9422
	中等职业学校教育*	8236
	高等教育*	824
	职业技能培训*	8291
	安全服务*	7281
	安全系统监控服务*	7282
	办公服务*	7294
	娱乐及体育设备出租*	7121
	其他文化及日用品出租*	7129
	广告业*	7240
	综合事务管理机构*	9121
	对外事务管理机构*	9122

注:带"*"行业指部分活动为旅游及相关产业活动。

第十篇 中国国内生产总值核算质疑文章综合述评

许宪春　吕　峰

近年来,国内外各界对中国的 GDP 数据屡有质疑的声音。这些质疑有的是着眼于 GDP 总量,有的是着眼于 GDP 增速,还有一些是着眼于 GDP 结构。本篇对近年来比较有代表性的一些质疑文章和观点进行梳理,同时结合中国现行的统计制度和 GDP 核算方法对这些质疑进行评论。

一、近年来对中国 GDP 核算的主要质疑

(一) 关于 GDP 总量方面的质疑

客观地说,近年来针对中国 GDP 总量的质疑不多。在为数不多的对中国 GDP 总量的质疑中,比较有代表性的是 Daniel Rosen 和 Beibei Bao 2015 年的研究报告《破碎的算盘——对中国经济更精确的评估》。该报告认为,中国的 GDP 总量虽然经过了多次向上的修正,但仍然对中国实际的经济规模有所低估。

该研究报告主要基于中国第二次全国经济普查(2008 年)数据,混合使用中国 GDP 核算实践方法、2008 年 SNA 推荐方法、回归分析方法、国际比较方法等多种方法,通过逐个行业计算增加值的方式,对 2008 年中国 GDP 数据进行了重新估算。

该研究报告显示,重新估算后的 2008 年中国 GDP 下限为 35.51 万亿元,上限为 36.53 万亿元[①],分别比官方核算结果[②](31.68 万亿元)高 3.83 万亿元和 4.85 万亿元,相当于分别高 12.1% 和 15.3%。其中,第一产业增加值的重估结果与官方结果基本一致,第二产业增加值的重估结果比官方结果高 1.33 万亿元,第三产业增加值的重估结果比官方结果高 2.47 万亿元。在第二产业中,主要是工业增加值差别较大,重估结果比官方结果高 1.14 万亿元。在第三产业中,主要是房地产业增加值差别较大,重估结果比官方结果高 1.96 万亿元。此外,该研究报告还对研究与开发支出进行了估计,并单独计入 GDP,其下限值为 0.04 万亿元,上限值为 1.07 万亿元。

在重估 2008 年 GDP 数据的基础上,该研究报告也对 2009—2013 年 GDP 数据进行了重估,重估结果相对于官方结果的调整幅度与 2008 年相似。

(二) 关于 GDP 增速方面的质疑

近年来,特别是 2015 年和 2016 年,对中国 GDP 增速的质疑较多。几乎每次中国季度 GDP 数据公布后,都会出现一些针对季度 GDP 增速的质疑声音。

第一种质疑认为 GDP 增速与其他宏观指标的走势不符,存在高估的疑问。例如,2015 年 4 月,中国官方公布该年第一季度 GDP 同比增速为 7%,创 6 年季度数据新低。花旗银行旋即发布一份报告称,从用电量、铁路货运量和贷款发放量等指标分析,中国 2015 年第一季度 GDP 增速被高估,实际的表现应低于 6%。2015 年 5 月,花旗银行再次发布研究报告,认为从工业产出等角度衡量,中国 GDP 的增长率可能只有 5%。

第二种质疑认为中国 GDP 缩减指数与主要价格指数之间存在矛盾。例如,2015 年 7 月英国《经济学人》杂志发表文章指出,当年第一季度中国实际 GDP 同比增长 7%,而名义 GDP 同比增速仅为 5.8%,两者差距显示第一季度中国 GDP 缩减指数下降 1.1%,而当季居民消费价格指数上涨 1.2%。GDP 缩

---

① 该研究报告重估的中国 GDP 中包含了研发支出,并给出了一个区间值,因此重估后的中国 GDP 也是一个区间值。
② 该研究报告发布时,中国官方 GDP 核算还没有实施研发支出核算方法改革,因此对比数据所用的官方结果都是根据研发核算方法改革修订前的 GDP 数据。

减指数与居民消费价格指数走势存在矛盾,导致对经济增速数据产生怀疑。

第三种质疑认为中国 GDP 不变价核算方法有问题,导致 GDP 增速被高估。例如,2015 年 6 月英国《金融时报》引述英国研究机构凯投宏观的一份报告,认为中国在计算多数经济领域的缩减指数时没有扣除进口价格的变化,导致中国 GDP 增长速度被高估。又如,2015 年 7 月英国《金融时报》再次发表文章提出,中国在计算不变价工业增加值时采用单缩法,没有使用双缩法,这导致 2015 年第一季度 GDP 增速被高估。

(三) 关于 GDP 结构方面的质疑

近年来,对中国 GDP 结构方面的质疑主要集中在支出法 GDP 结构方面,认为中国的投资率(资本形成率)存在高估,而消费率(最终消费率)存在低估。也有一些质疑着眼于收入法 GDP 结构,认为收入法 GDP 中劳动者报酬占比有误判。对生产法 GDP 结构的质疑较为少见。

在认为中国投资率高估的质疑中,李迅雷 2012 年的《中国经济结构存在误判》一文比较具有代表性。该文认为,中国的投资数据存在高估,从而造成投资率高估。其主要论据是,螺纹钢和水泥的实际增速大大低于固定资产投资的增速,如 2004—2011 年,螺纹钢消费量年平均增长率为 15.96%,而同期扣除价格因素后的固定资产投资总额实际增速为 22.78%,两者相差 6 个多百分点。李迅雷一文认为,钢材和水泥在投资中的比例应该是基本固定的,如果钢材水泥的增速低于投资的增速,说明投资数据有水分,存在高估。对于数据高估的程度,李迅雷一文根据一份审计署的报告①,认为固定资产投资至少被高估了 3.5%。

在关于中国的消费率低估的质疑中,近年来有不少相关研究,比较有代表性的有王秋石和王一新 2013 年的《中国居民消费率真的这么低吗》、李稻葵和徐翔 2014 年的《中国经济结构调整及其动力研究》等研究成果。王秋石和王一

---

① 李迅雷一文引述的是审计署 2011 年 7 月发布的《审计署绩效报告(2010 年度)》,其中提及:"截至 2010 年 6 月底,全国审计机关共对京沪高速铁路等已投入资金 1.9 万亿元的 5.4 万个投资项目实施了审计或审计调查。通过审计,核减工程价款和挽回损失、节省工程投资 283 亿元,占相关项目投资总额的 3.5%。"

新一文认为中国的消费率存在严重低估,其主要理由有二:一是社会消费品零售总额的增长率高于居民消费中实物消费的增长率,证明居民消费中的实物消费有低估;二是第三产业增加值的增长率高于居民消费中服务消费的增长率,证明居民消费中的服务消费有低估。在此立论基础上,王秋石和王一新一文给出了他们重估后的1995—2011年中国居民消费率数据。相对于官方结果,上调幅度最小的是1997年,上调了5.7个百分点,上调幅度最大的是2011年,上调了19.7个百分点。该文将上调后的居民消费率结果与金砖国家和世界中等收入国家的数据进行了对比,认为上调后的居民消费率与这些国家较为接近,是合乎经济逻辑的。李稻葵和徐翔一文认为居民住户收支调查存在较为严重的系统性误差,以此为基础计算居民消费会造成居民消费率的严重低估。该文基于社会消费品零售总额数据,重估了1990—2011年的中国居民消费率数据。重估结果显示,在2007年以前,重估结果与官方结果相差不大,2007年以后两者开始出现较为明显的差距,而且差距越来越大。2011年重估后的居民消费率比官方结果高5.9个百分点。

在关于中国劳动者报酬占比的质疑中,华生2010年的《劳动者报酬占GDP比重低被严重误读》一文比较具有代表性。该文从国际比较的角度出发,认为官方统计中劳动者报酬的统计口径过宽,把一些不应该包含在劳动者报酬内的项目(主要是农户的纯收入)全部计入了劳动者报酬。通过将中国的数据与其他国家进行对比,该文指出中国的劳动者报酬占比有虚高现象,而虚高主要是由于中国劳动者报酬核算范围不准确引发的。该文提出,假如按照国际同比口径重新估计,中国劳动者报酬占GDP比重的绝对值比官方结果将有所下降,但自20世纪90年初以来的发展趋势是持续上升的,而不是像官方结果公布的那样持续下降。

二、对质疑的评论

(一) 关于GDP总量质疑的评论

由于对中国的一些客观实际缺乏深入了解,Rosen和Bao在对中国GDP

总量进行重估时,基础数据的使用存在问题,核算方法也有明显错误,因此核算结果是不符合中国实际的。

一是对基础数据的使用存在问题。按照国际惯例,核算 GDP 时不能直接使用调查数据,而需要对其覆盖范围和准确性进行校验评估,有效剔除重复和错误,使其符合核算的概念、口径和有关要求后才能用于 GDP 核算。该研究报告对国际 GDP 核算实践和中国实际情况缺乏了解,在重估 GDP 时,只是简单地直接使用各行业基础数据,而没有按照核算要求对跨地区的总部和分支机构统计数据重复问题予以剔除,也没有对一些基层单位存在的虚报问题进行修正,从而在一定程度上高估了各行业的发展规模。

二是房地产业增加值明显高估。核算居民自有住房服务价值时,中国一直使用的是建造成本法,而该研究报告使用的是市场租金法,两者从方法上就不可比,核算结果就更加不可比。假如使用市场租金法核算居民自有住房服务价值,会使房地产业增加值有一定幅度上调,但绝对不会达到该研究报告所给出的上调幅度。在使用市场租金法计算居民自有住房服务价值时,关键的一点是要虚拟核算居民住房的平均年租金。该报告将 2008 年中国城镇居民住房年租金估算为 356 元/平方米,相当于一套 100 平方米的房子月租金约为 3 000 元。虽然目前中国还没有全国城镇住房平均年租金的可靠数据,但从常识也可以判断,这个数据大大高估了中国的房租水平。事实上,从 2008 年的价格来看,100 平方米的房子月租金能达到 3 000 元平均水平的城市在中国为数不多。即便是到了 8 年之后的 2016 年,在中国很多普通地级城市,100 平方米的房子月租金也只有 1 000—1 500 元[①],而在很多县级城市,连 1 000 元都达不到。该报告的重估结果显然大大高估了中国居民自有住房服务价值。目前,国家统计局正在研究改革城镇居民自有住房服务核算方法。实施这项改革后,中国的 GDP 核算方法将与国际标准更加接轨,核算结果也会有一定幅度的上调,但绝对不会达到该研究报告那样大的幅度。

---

① 笔者利用 58 同城网数据,于 2016 年 5 月选取黑龙江佳木斯、山东德州、安徽安庆、四川德阳、宁夏吴忠等五个城市,每个城市选取 10 套面积在 90—110 平方米的出租房,计算平均房租。计算结果显示,佳木斯、德州、安庆、德阳、吴忠的平均月租金分别为 948 元、1300 元、1290 元、1015 元和 975 元。

三是研发支出的核算较为随意,其上限值明显高估。该研究报告按照2008年SNA推荐的做法核算了研发支出计入GDP的结果,并给出一个范围。报告认为中国2008年应计入GDP的研发支出为0.04—1.07万亿元,下限值和上限值相去甚远,取值范围的随意性相当大。实际上,《中国统计年鉴》公布的2008年中国研发支出总费用为4616亿元,即便全部将其计入GDP也远远达不到该报告给出的1.07万亿元的上限,更何况在计入GDP时还要剔除掉其中不属于增加值的部分,实际应计入GDP的数值要小于4616亿元。国家统计局在2016年实施了研发支出核算方法改革,并系统修订了1952年以来的GDP数据。从修订结果来看,2008年数据上调了2764亿元,远远小于该报告给出的上限值。

(二) 关于GDP增速质疑的评论

关于GDP增速的几种质疑,有的使用的方法不科学,有的使用的数据资料不完整,有的对国民核算基本原理和中国GDP核算实践缺乏了解,总体来看都站不住脚,所得到的结论也不符合中国的实际情况。

对于第一类质疑:虽然GDP与其他宏观指标一般来说存在着较为密切的正相关关系,但这些关系不是一成不变的,特别是在经济结构发生变化时,需要动态地考察GDP与相关指标的关系。用电量、铁路货运量和银行中长期贷款等指标与经济走势密切相关,常被大家认为是观察经济走势的风向标。但伴随中国经济发展步入新时代,服务业比重快速增加和能源资源利用效率提高,上述指标与整体经济的数量关系会发生一些变化。以铁路货运量为例,随着服务业比重提高和工业内部结构的变化,铁路货运的需求会减少;随着能源利用效率提高和能源消费结构优化,能源消耗会降低,由于能源运输是铁路货运的重要组成部分,这会导致铁路货运需求的降低;此外随着航空、公路等其他运输方式相对价格的下降,会对铁路运输产生替代效应,也会降低铁路货运需求。

采用相关指标的方法衡量GDP,当采用的指标不同或模型不同时,所得到的结果会大相径庭。因此这类研究主观性很强,可信度较低。如2014年7月世界大型企业联合会发布报告,利用部分工业产品产量的增速推算整个工业增加值增速,利用就业人员等数据推算部分服务业增加值增速,对中国 GDP 增速进行重估,重估结果显示 2012 年的中国 GDP 增速为 4.1%,远低于官方公布的 7.7%。而渣打银行 2013 年的一份研究报告则采用水泥和钢产量、用电量以及肯德基餐厅销售额作为相关指标重估中国 GDP 增速,重估结果显示 2012 年中国增速为 5.5%,虽然也远低于官方结果,但比大型企业联合会的重估结果又高出不少。

事实上,当选取的相关指标比较全面且有代表性、模型比较科学时,是可以通过回归分析方法得到与官方结果较为接近的 GDP 增速重估结果的。例如,2016 年 2 月,美国联邦储备银行堪萨斯城分行发布研究报告,采用中国制造业、消费支出、房地产、服务业等关键行业经济指标构建模型,对 2009 年以来的中国季度 GDP 增速进行重估,发现重估结果与同期中国官方公布的 GDP 数据吻合度很高,较好地模拟了过去几年的中国经济走势。该报告由此认为中国官方发布的 GDP 数据可靠,可以很好地衡量中国整体经济增长状况。

对于第二类质疑:由于中国不变价 GDP 核算采用了多种价格指数,而居民消费价格指数等价格指数只是其中一部分,所以 GDP 缩减指数与某个具体的价格指数变化并不一定一致。以 2015 年第一季度为例,居民消费价格同比上涨 1.2% 的同时,工业生产者出厂价格指数同比下降 4.6%,农产品生产者价格总指数同比下降 0.7%,而 GDP 缩减指数下降 1.1%,位于各指数变化幅度之间,属于正常情况,并不产生矛盾。

对于第三类质疑:这类质疑主要来自对 GDP 核算方法缺乏深入了解。比如对于中国 GDP 缩减指数没有扣除进口价格变化的观点,就是由于不了解不变价 GDP 核算的基本原理和过程,也不了解生产核算和使用核算之间的联系和区别而导致的。虽然进口价格下降对工业生产者价格变化产生明显影响,但工业生产者价格是市场形成价格的真实变化。如果从工业生产者价格中扣除进口价格变化,得到的价格指数变化并非市场形成价格的真实变化,因而这种扣除是没有道理的。同时,进口价格变化对不同行业增加值价格变化的影响并不相同,扣除在实际操作中难以合理实现。因此,从生产核算的角度看,中国 GDP 缩减指数无需扣除进口价格变化。而从需求角度看,不变价进口已经利用进口价格指数缩减,即 GDP 缩减指数中已经扣除了进口价格变化。所以,认为中国 GDP 缩减指数没有扣除进口价格变化,进而导致 GDP 实际增速高估的论断,无论从理论方面,还是从实践方面,都是站不住脚的。

对于单缩法和双缩法的比较而言,如果总产出价格指数和中间投入价格指数都非常准确,由于双缩法避免了因中间投入价格和总产出价格变动不一致所带来的偏差,一般说来要优于单缩法。但由于编制中间投入价格指数比编制总产出价格难度更大,中间投入价格指数中必然存在着统计误差,使用双缩法反而可能会增加误差来源,其结果并不一定好于单缩法。相反,单缩法虽然无法保证核算结果的无偏性,但是其核算过程相对简单,且比双缩法减少了误差来源,也常被其他国家用于有关行业增加值的价格缩减。此外,不能简单将工业生产者购进价格指数理解为工业中间投入的价格变化,因为工业中间投入中除了购进的原材料等实物产品外,还有相当比重的服务投入。如果以原材料、燃料和动力购进价格指数代表工业实物中间投入的价格指数,以服务项目的居民消费价格指数代表工业服务中间投入的价格指数,利用投入产出表数据计算两者权重并将两者加权平均,加总得到 2015 年第一季度的工业中间投入价格指数降幅与工业生产者出厂价格降幅基本一致。因此,工业不变价增加值计算采用单缩法并没有导致 2015 年第一季度工业增长速度高估,从而没有导致 GDP 增速的高估。这一规律也适用于近年来的其他季度数据。

(三) 关于 GDP 结构质疑的评论

关于 GDP 结构的质疑,主要是由于一些研究人员不清楚核算指标与统计调查指标之间的联系与区别,也不了解 GDP 核算的理论和实践方法造成的。

李迅雷一文简单地将固定资产投资额理解为 GDP 中的固定资本形成总额。事实上,虽然固定资产投资额是计算固定资本形成总额的主要基础资料,但两者在概念和口径范围上仍存在着很大的差别,不能简单地等同视之。比如,固定资产投资额包括土地购置费、旧建筑物购置费和旧设备购置费,而固定资本形成总额则不包括这些费用,需要予以扣除。随着近年来用地成本的不断增加,土地费用占投资的比重呈现逐步提高的趋势,也就是说有更多的份额需要从固定资产投资额中扣除,以得到符合核算概念的固定资本形成总额。除了上述需扣除的项目,固定资本形成总额中还包括一些未纳入固定资产投资统计范围的内容,如商品房销售增值、新产品试制增加的固定资产、未经过正式立项的土地改良支出以及矿藏勘探、计算机软件等无形固定资产的增加等,这些内容需要根据其他相关统计资料补充计入固定资本形成总额。

国家统计局在核算固定资本形成总额时,已经按照国民经济核算的口径要求和基础数据存在的偏差等情况,对基础数据进行了比较规范的调整,调整的幅度事实上远超过李迅雷一文给出的调整幅度。如果在此基础上再加以调整,就是重复调整,反而会造成对中国经济结构的"误判"。

王秋石和王一新一文根据社会消费品零售总额判断居民实物消费支出存在低估,也是混淆了核算指标与调查指标之间的关系。事实上,从购买对象看,社会消费品零售总额既涉及居民,也涉及行政事业单位、非金融企业和金融机构等主体。从出售商品的用途看,既有用作消费的,也有用作生产的,还有用作投资的。因此社会消费品零售总额中有相当一部分是不属于居民消费的。此外,该文将第三产业增加值等同于居民的服务性消费支出也有很大问题。通常来讲,第三产业的使用去向是针对第三产业总产出而言的,而不是针对增加值。只有总产出才有完整的服务形态,增加值是没有完整服务形态的,所以也就不能辨识它的真正去向。另外,第三产业的使用去向除了用于居民消费外,还用于当前生产、政府消费等活动,因此用第三产业增加值来衡量居民服务消费支出是不恰当的。

李稻葵和徐翔一文也是基于社会消费品零售总额数据判断中国居民消费低估,犯了同王秋石和王一新一文同样的错误。有意思的是,虽然两篇文章判断居民消费低估的论据一样,也都对居民消费率进行了重估,但结果却大相径庭。王秋石和王一新一文对1995—2007年的居民消费率均进行了大幅上调,上调幅度从5.7到14.8个百分点不等,而李稻葵和徐翔一文这一时间段的重估结果和官方结果差别很小。2007年以后的数据,两者都对官方居民消费率数据进行了上调,但上调幅度差别很大。如2011年,王秋石和王一新一文的重估结果为53.7%,而李稻葵和徐翔一文的重估结果则为41.6%。由此也可以从侧面看出，此类研究的主观性和随意性很大，即便从同一研究思路出发，不同的研究者也可以得出迥异的结果。

华生一文主要是没有把劳动者报酬、雇员报酬、营业收入等几个概念完全理解清楚。按照SNA的定义，雇员报酬是雇员（不包括个体经营者）在核算期所做工作的回报，是所在单位支付给雇员的货币和实物报酬总额。混合收入则是针对个体经营者而言的，是指个体经营者创造的增加值扣除生产税之后的余额，主要包括个体经营者的劳动报酬和营业盈余。之所以将个体经营者劳动报酬与其营业盈余等合并在一起，是因为实际统计中不容易把它们区分开。在中国的GDP核算中，没有直接引入SNA中的雇员报酬和营业收入这两个概念，而是根据中国的实际情况，定义了劳动者报酬这一概念。劳动者报酬是指所有劳动者从事生产活动所应得的全部报酬，包括各种形式的工资、奖金和津贴，以及实物形式的报酬，还包括劳动者享受的公费医疗和医药卫生费、上下班交通补贴、单位支付的社会保险费、住房公积金等。按照这一定义，同SNA中的雇员报酬概念相比，中国的劳动者报酬的范围要宽泛一些，不仅包括了雇员报酬，也包括了城乡个体经营者混合收入中属于劳动报酬的部分（实际统计中也包括了农户家庭经营的利润）。

华生一文主要是从国际比较的角度出发，认为由于劳动者报酬核算范围的错误，中国的劳动者报酬占比在国际上虚高，造成数据不可比。事实上，该文中引用的其他国家的劳动者报酬占比其实是雇员报酬占比，同中国的劳动者报酬占比不是一个概念，由此得到中国劳动者报酬占比虚高的结论是站不住脚的。如果想要得到完全可比的数据，需要将其他国家的数据调整到劳动者报酬的口径范围上，或者将中国的数据调整到雇员报酬的口径范围上。事实上，华生一文也做了这样的探讨，试图将中国的劳动者报酬占比调整为SNA定义下的雇员报酬，并认为调整后的数据走势与官方的劳动者报酬占比走势是完全相反的。但该文在做数据调整时存在很大的技术问题，只调减了劳动者报酬中的农户混合收入部分，而没有调减城镇个体经营者的混合收入，这样得到的结果仍旧不是纯粹意义上的雇员报酬数据，由此进行数据分析也就难以做出正确的走势判断了。

在质疑中国 GDP 结构的研究中,很多文章都有这样一种现象,即简单地把发展中国家的平均水平作为判断中国数据准确与否的标准。当作者匡算的结果接近于发展中国家的平均值时,就认为其结果是可靠的。这种研究过于简单。众所周知,中国是一个经济大国,经济活动有很强的特殊性。比如从需求结构看,改革开放以来中国经济之所以能持续高速增长,与投资导向、出口导向的发展模式是密不可分的,这样的发展模式必然导致高投资、高出口、低消费,因此现阶段中国投资率较高、消费率较低有其一定的合理因素,简单地用发展中国家投资率和消费率的平均水平判断中国数据的准确程度有片面性。

参 考 文 献

[1] Benjamin Roberson. Mainland China Growth Rates Don't Add up. South China Morning Post,July 14,2014.

[2] Daniel H. Rosen,Beibei Bao,Broken Abacus. A More Accurate Gauge of China's Economy,CSIS(Center for Strategic and International Studies) Report. 2015.

[3] Harry Wu. Re-Estimating Chinese Growth—How Fast Has China's Economy Really Grown?,Conference Board Report. 2014.

[4] Jun Nie. Gauging the Strength of Chinese GDP Growth,Federal Reserve Bank of Kansas City Report. 2016.

[5] The Economist. The Chinese Economy:Whether to Believe China's GDP Figures? The Economist,July 15,2015.

[6] The United Nations,IMF,etc. System of National Accounts 2008 [M]. The United Nations,2009.

[7] 郭同欣.科学认识判断经济形势的指标体系[N].人民日报,2015 年 6 月 8 日.

[8] 华生.劳动者报酬占 GDP 比重低被严重误读[N].中国证券报,2010 年 10 月 14 日.

[9] 李稻葵,徐翔.中国经济结构调整及其动力研究.清华大学中国与世界经济研究中心研究报告,2014.

[10] 李迅雷.中国经济结构存在误判[N].东方早报,2012年6月5日.

[11] 桑言.中国GDP高估了？FT中文网,2016年7月15日.

[12] 史蒂夫·约翰逊.中国经济增速"被高估".FT中文网,2015年6月9日.

[13] 王秋石,王一新.中国居民消费率真的这么低么——中国真实居民消费率研究与估算[J].经济学家,2013(8).

[14] 许宪春.GDP缩减指数与增长速度[N].人民日报,2015年8月12日.

[15] 许宪春.准确理解中国的收入、消费和投资[J].中国社会科学,2013(2).

[16] 许宪春.准确理解中国经济统计[J].经济研究,2010(5).

[17] 张韬.花旗屡次质疑中国GDP:真实增长率只有5%.华尔街见闻,2005年5月21日.